wissen & praxis 61
Fritz Hemedinger
*Idealisten – Abenteurer
– Weltverbesserer?*

Entwicklungszusammenarbeit verlangt die Tätigkeit engagierter Fachkräfte der »Ersten Welt« in verschiedensten Einsatzländern der »Dritten Welt«. Deren Erfahrungen, Probleme und Vorstellungen sollten vor dem Hintergrund kritischer Auseinandersetzungen über Entwicklungszusammenarbeit für eine überfällige Neuorientierung dieses Bereiches verstärkt gehört werden.

Wer entscheidet sich aus welchen Gründen für einen Einsatz in einem Entwicklungsland? Wie wird die Vorbereitung beurteilt? Wie stellt sich die Projektrealität im Einsatzland dar? Mit welchen Schwierigkeiten ist die Zeit nach dem Einsatz verbunden? Hemedinger antwortet anhand einer umfassenden Befragung von ehemaligen EntwicklungshelferInnen der österreichischen Entsendeorganisationen ÖED (Österreichischer Entwicklungsdienst) und IIZ (Institut für Internationale Zusammenarbeit).

Vor dem Hintergrund der Praxiserfahrungen von mehr als 200 ehemaligen österreichischen EntwicklungshelferInnen zeichnet Hemedinger ein differenziertes Bild ihrer Einsatztätigkeit. Die Auswertung soll Ansatzpunkte zur Situationsverbesserung liefern.

Fritz Hemedinger, geboren 1957 in Wels/Österreich. Studium der Soziologie. Forschungsaufenthalte in verschiedenen afrikanischen Ländern. Universitätsassistent am Institut für Soziologie der Johannes Kepler Universität Linz und Lehrbeauftragter an der Akademie für Sozialarbeit in Linz. Vorstandsmitglied des Österreichischen Informationsdienstes für Entwicklungspolitik in Oberösterreich (ÖIE-OÖ).

Fritz Hemedinger

Idealisten – Abenteurer – Weltverbesserer?

Einsatzmotive, -vorbereitung und -probleme österreichischer EntwicklungshelferInnen

Brandes & Apsel

Auf Wunsch informieren wir regelmäßig über das Verlagsprogramm.
Eine Postkarte an den Brandes & Apsel Verlag, Zeilweg 20,
D–60439 Frankfurt a. M., genügt.

Die Deutsche Bibliothek – CIP-Einheitsaufnahme:
Hemedinger, Fritz:
Idealisten – Abenteurer – Weltverbesserer? : Einsatzmotive, -vorbereitung
und -probleme österreichischer EntwicklungshelferInnen / Fritz Hemedinger.
– 1. Aufl. – Frankfurt a. M. : Brandes und Apsel, 1995
(Wissen & Praxis 61)
ISBN 3-86099-261-9
NE: GT

wissen & praxis 61

1. Auflage 1995
© Brandes & Apsel Verlag GmbH, Zeilweg 20, D–60439 Frankfurt a. M.
Alle Rechte vorbehalten, insbesondere das Recht der Vervielfältigung und
Verbreitung sowie der Übersetzung. Kein Teil des Werkes darf in irgendeiner
Form (durch Fotokopie, Mikrofilm, CD oder ein anderes Verfahren) ohne
schriftliche Genehmigung des Verlages reproduziert oder unter Verwendung
elektronischer Systeme verarbeitet, vervielfältigt oder verbreitet werden.
Umschlagfoto: Volkhard Brandes, Wandmalerei in Windhoek, Namibia
Druck: F.M. Druck, Karben
Gedruckt auf säurefreiem, alterungsbeständigem und chlorfrei gebleichtem Papier.

ISBN 3-86099-261-9

INHALTSVERZEICHNIS

VORBEMERKUNGEN 9

1. EINLEITUNG 11

2. STAATLICHE ENTWICKLUNGSHILFE ÖSTERREICHS 15
   2.1. Institutioneller Rahmen 15
   2.2. Umfang der öffentlichen Entwicklungshilfe 18
   2.3. Anmerkungen zur Entwicklungshilfepraxis 23

3. ENTSENDEORGANISATIONEN 26
   3.1. Institut für Internationale Zusammenarbeit (IIZ) 27
   3.2. Österreichischer Entwicklungsdienst (ÖED) 28
   3.3. Exkurs: Zum Begriff "Entwicklungshelfer" 29

4. PROBLEMSTELLUNG UND METHODIK 31

5. SOZIALE STRUKTUR DER BEFRAGTEN 35

6. EINSATZMOTIVATION 42
   6.1. Allgemeine Motive 44
   6.2. Persönliche Motive 47

7. EINSATZVORBEREITUNG 57
   7.1. Einsatzvorbereitung durch die Entsendeorganisationen 57
   7.2. Bewertung der institutionellen Einsatzvorbereitung 59
   7.3. Individuelle Einsatzvorbereitung 70
   7.4. Änderungswünsche der Befragten 71

8. PROJEKTTÄTIGKEIT 75
   8.1. Einsatzpolitik der Entsendeorganisationen 75
   8.2. Einsatzhäufigkeit und -dauer 80
   8.3. Regionale und inhaltliche Schwerpunkte 82
   8.4. Projektorganisation 88
   8.5. Projektziele und -auswirkungen 97

9. SITUATION NACH DER RÜCKKEHR 115
9.1. Rückkehr = Kulturschock ? 115
9.2. Rückkehrerbetreuung durch die Entsendeorganisationen 118
9.3. Berufliche Wiedereingliederung 128
9.4. Entwicklungspolitisches Engagement nach dem Einsatz 132

10. EXKURS: EINSATZVERKÜRZUNGEN 136

11. ABSCHLIESSENDE BEMERKUNGEN 142

ANHANG 148

LITERATURVERZEICHNIS 153

VERZEICHNIS DER TABELLEN

Tabelle 1:	Österreichische Entwicklungshilfe 1982 - 1991	19
Tabelle 2:	Entwicklung der Rücklaufquote	33
Tabelle 3:	Geschlechterverteilung nach Entsendeorganisationen	35
Tabelle 4:	Familienstand vor Einsatzbeginn und derzeit	36
Tabelle 5:	Familienstand vor Einsatzbeginn nach Organisationen	37
Tabelle 6:	Berufstätigkeit vor dem Einsatz	39
Tabelle 7:	Gemeindegröße nach Organisationen	40
Tabelle 8:	Allgemeine Motivation	45
Tabelle 9:	Prozentverteilung des Statements "ein christliches Beispiel geben" nach Entsendeorganisationen	47
Tabelle 10:	Persönliche Motivation	48
Tabelle 11:	Matrix der Faktorladungen bei achsparalleler Projektion	51
Tabelle 12:	Wichtigkeit der fünf Motivdimensionen	53
Tabelle 13:	Zusammenhang zwischen Alter, Geschlecht, Bildungsgrad, Gemeindegröße und der Motivdimension "Helfermotiv"	55
Tabelle 14:	Einschätzung der Ausbildungsbereiche bezüglich ihres Umfanges	60
Tabelle 15:	Einschätzung der Qualität der Ausbildungsbereiche	61
Tabelle 16:	Beurteilung des Ausbildungsbereiches "Sprache der Projektregion" nach Schulbildung getrennt	67
Tabelle 17:	Beurteilung des Ausbildungsbereiches "Informationen über das Einsatzprojekt" nach Schulbildung getrennt	67
Tabelle 18:	Beurteilung der Qualität des Bereichs "Sprache der Projektregion"	68
Tabelle 19:	Beurteilung der Qualität des Bereichs "Informationen über das Einsatzprojekt"	68
Tabelle 20:	Faktoren für Einsatztätigkeit	69
Tabelle 21:	Einsatzdauer in Monaten nach Organisationen	81
Tabelle 22:	Inhaltliche Projektschwerpunkte	83
Tabelle 23:	Durchschnittliches Tätigkeitsprofil nach Projektschwerpunkt	85
Tabelle 24:	Projektbeginn nach Jahr der Rückkehr	89
Tabelle 25:	Lokale Projektträger	90
Tabelle 26:	Kontrolle durch lokale Projektträger	93
Tabelle 27:	Schwierigkeiten bei der Projektarbeit	101
Tabelle 28:	Verhältnis zur Entsendeorganisation vor, während und nach dem Einsatz	120
Tabelle 29:	Einstellungsveränderungen	125

Tabelle 30:	Ergebnisse der Kovarianzanalyse	126
Tabelle 31:	Einstellungwandel im Verhältnis zur Entsendeorganisation	127
Tabelle 32:	Veränderungen bezüglich der finanziellen Lage und der Arbeitsbedingungen	130
Tabelle 33:	Zusammenhang zwischen Berufswechsel und Arbeitslosigkeit	131
Tabelle 34:	Rollenbild ehemaliger Entwicklungshelfer	133

VERZEICHNIS DER ABBILDUNGEN

Abbildung 1:	Österreichische Entwicklungshilfe 1982 - 1991	20
Abbildung 2:	Österreichische Entwicklungshilfe 1991 - Verteilung der bilateralen Zuschüsse	21
Abbildung 3:	Alter bei Einsatzbeginn nach Organisationen	36
Abbildung 4:	Bildungsniveau der Befragten	38
Abbildung 5:	Durchschnittliche Bewertung der Ausbildungsbereiche	62
Abbildung 6:	Bewertung der Ausbildungsbereiche bezüglich des Umfanges nach Entsendeorganisationen getrennt	63
Abbildung 7:	Ausbildungsbereiche - Qualität	64
Abbildung 8:	Eigene Vorbereitungsmaßnahmen	71
Abbildung 9:	Einsatzländer bzw. -regionen	82
Abbildung 10:	Tätigkeitsprofile und Einsatzbereiche von Lehrern	86
Abbildung 11:	Verteilung der Entscheidungsträger nach Projektschwerpunkt	96
Abbildung 12:	Zusammenhang zwischen "Erschließung einer Geldquelle" und "Differenzen zwischen Zielvorstellungen"	102
Abbildung 13:	Anteilnahme der Bevölkerung und Häufigkeit der Aufnahme von Initiativen	107
Abbildung 14:	Auswirkungen der Projekttätigkeit	110
Abbildung 15:	Einstellungsänderungen der ÖED-Rückkehrer	121
Abbildung 16:	Einstellungsänderungen der IIZ-Rückkehrer	121
Abbildung 17:	Veränderungen im Verhältnis zur Entsendeorganisation bei positiver und neutraler Einschätzung vor dem Einsatz	123
Abbildung 18:	Zusammenhang zwischen Einsatzverkürzung und Schwierigkeiten bei der Projekttätigkeit	138

VORBEMERKUNGEN

Seit der vagen Idee, anhand von Gesprächen mit Entwicklungshelfern ein Bild der Arbeit in Entwicklungsprojekten zu zeichnen und somit auch einen - zugegebenermaßen kleiner - Bereich der österreichischen Beziehungen zu den Ländern der Dritten Welt zu untersuchen, sind mittlerweile eine ganze Reihe von Jahren vergangen. Bei der Konkretisierung des Themas wurde schnell klar, daß für eine adäquate Behandlung dieser Problematik ein differenzierterer und damit auch umfangreicherer Forschungsansatz gefunden werden mußte. So wurde die ursprüngliche Idee zum Ausgangspunkt eines Forschungsvorhabens unter dem Titel "Theorie und Praxis der personal- und projektbezogenen Entwicklungshilfe Österreichs", das vom "Fonds zur Förderung der wissenschaftlichen Forschung" finanziell unterstützt wurde, wofür auch an dieser Stelle sehr herzlich gedankt sei.

Die vorliegende Arbeit, resultierend aus einer schriftlichen Befragung ehemaliger Entwicklungshelfer, ist demnach als Teil eines umfangreichen Forschungsprojektes zu sehen. Um einen Einblick in die Entwicklungshilfepraxis zu gewinnen, wurden darüberhinaus Feldstudien in ausgewählten österreichischen Entwicklungsprojekten in Afrika durchgeführt. Es liegt auf der Hand, daß bei der Projektauswahl bzw. bei der Planung und Durchführung der mehrwöchigen Forschungsaufenthalte Probleme unterschiedlichster Art auftreten können und somit auch dieses Forschungsprojekt mit zeitlichen Verzögerungen zu kämpfen hatte. Da weiters die Felduntersuchungen in Zimbabwe und Kenia umfangreiche Vorarbeiten sowie die Erstellung eines Untersuchungsberichtes beinhalteten und während dieser Zeit die Auswertung der Befragungsergebnisse unterbrochen werden mußte, wird vielleicht verständlicher, warum seit Abschluß der Datenerhebung der schriftlichen Befragung bis zur Fertigstellung der vorliegenden Arbeit mehrere Jahre vergangen sind. Da aber entwicklungspolitische Konzepte und noch mehr deren praktische Umsetzung durch großes Beharrungsvermögen charakterisiert sind - ohne dies an dieser Stelle bewerten zu wollen -, kann davon ausgegangen werden, daß die vorliegenden Auswertungsergebnisse auch Aspekte der gegenwärtigen Situation der personellen Entwicklungshilfe zu beschreiben vermögen.

Wenn hier von Beharrungsvermögen und damit von Stabilität gesprochen wird, müssen auf der anderen Seite auch die einschneidenden Veränderungen der politischen Weltkarte Erwähnung finden. Die Auswirkungen des politischen und teilweise auch wirtschaftlichen Zusammenbruchs der Sowjetunion bzw. der sozialistischen Staaten Ost- und Südosteuropas allein auf den Bereich der Entwicklungszusammenarbeit sind gegenwärtig noch nicht abzuschätzen. Fragen der Entwicklungspolitik bzw. der Situation der Dritte-Welt-Länder allgemein waren zu Beginn des Forschungsprojektes in vielen Medien präsent - wenn auch nicht an zentraler Stelle - und somit auch in der öffentlichen Meinung zumindest peripher verankert. Die vielschichtigen Probleme der gegenwärtigen Umbruchsphase haben die kurz aufkeimenden Hoffnungen schnell überrollt und in weiterer Folge auch die Probleme außerhalb Europas in den Hintergrund treten lassen. Die Lebenssituation der Bevölkerung in weiten Teilen der Dritten Welt hat sich allerdings nicht zum positiven verändert, so daß die Thematisierung entwicklungspolitischer Zusammenhänge notwendiger denn je erscheint.

Neben dem bereits erwähnten "Fonds zur Förderung der wissenschaftlichen Forschung" sei an dieser Stelle den befragten ehemaligen Entwicklungshelfern nicht nur für die Bereitschaft, den umfangreichen Fragebogen auszufüllen, sondern auch für ihr Interesse an dieser Studie, das sich in vielen - auch kritischen - Kommentaren widerspiegelte, herzlich gedankt.

Dank gilt auch dem Österreichischen Entwicklungsdienst (ÖED) und dem Institut für Internationale Zusammenarbeit (IIZ) für ihre Kooperationsbereitschaft bei der Durchführung der Befragung und der Österreichischen Forschungsstiftung für Entwicklungshilfe (ÖFSE) für die finanzielle Unterstützung dieser Publikation.

Nicht zuletzt ist auch den Mitarbeitern des Instituts für Soziologie der Universität Linz sowie Freunden und Bekannten zu danken, die durch ihre Diskussionsbereitschaft zur Klärung der Gedanken und auch zur Überwindung aufgetretener "Motivationslücken" beigetragen haben.

1. EINLEITUNG

"Krise" ist einer der am häufigsten gebrauchten Begriffe, mit dem man bei der Beschäftigung mit entwicklungspolitischen Fragestellungen konfrontiert wird. "Die Dritte Welt in der Krise" (OPITZ 1985), "Schwarzafrika in der Krise", "Die Krise in der Dritten Welt" (beide: AKTUELLE IRO-LAND-KARTE 1985), "Hilfe in der Weltkrise" (BRANDT 1983) sind nur einige unsystematisch herausgegriffene Publikationen, die dieses Wort schon im Titel führen, und diese Liste ließe sich beinahe beliebig fortsetzen. Wobei hier anzumerken wäre, daß die Bezeichnung "Krise" für die soziale, politische und ökonomische Situation, in der sich viele Entwicklungsländer heute befinden, eher eine Untertreibung als eine realistische Beschreibung des IST-Zustandes darstellt.

Eine kaum mehr überschaubare Flut von Publikationen beschäftigt sich mit der Analyse gegenwärtiger oder vergangener Prozesse und Szenarien, mit Utopien, Warnungen, Prognosen usw. - einmal mehr theoretisch-abstrakter, einmal mehr praktisch-konkreter Natur - und trotzdem wird diese enorme Zunahme des publizierten Materials noch von der tatsächlichen Verschlechterung der Lage in vielen Ländern der Dritten Welt übertroffen. An dieser Stelle ist es offensichtlich, daß man sich der Frage stellen muß, welchen Sinn eine weitere Studie, ein weiterer Bericht haben soll, sofern natürlich ein Anspruch besteht, in der Behandlung derartiger Fragestellungen mehr als nur einen mehr oder weniger notwendigen Baustein in der universitären Karriereplanung oder nur ein weiteres Exemplar auf einer Literaturliste oder in einer Bibliothek zu sehen. Wäre es da nicht besser, seine Koffer zu packen und konkret dort denen zu helfen, die so offensichtlich unserer Hilfe bedürfen?

Mit dieser Frage wird der Kern des Forschungsinteresses angesprochen. Es besteht sicherlich Einhelligkeit darüber, daß der angeführte Weg nicht der einzig effiziente in Richtung einer Veränderung bestehender Verhältnisse sein kann. Dies soll natürlich nicht bedeuten, daß damit das Engagement der vielen Entwicklungshelfer[1], die seit nunmehr drei Jahrzehnten in vielen Problemregionen tätig waren und sind, gering geschätzt werden sollte. Wohl aber kann davon ausgegangen werden, daß auch ehrliches Engagement und persönlicher Einsatz noch keine Garantie für eine zielführende Tätigkeit im Sinne aller Beteiligter darstellen. Der Entwicklungshelfer oder Experte - eine Problematisierung bzw. genaue Definition dieser Begriffe findet an anderer Stelle statt - stellt nur das letzte Glied im großen Komplex der Entwicklungshilfe oder Entwicklungszusammenarbeit, wie dieser Bereich in neuerer Zeit bezeichnet wird, dar. Jedwede Tätigkeit wird entscheidend geprägt von

---

[1] Ausschließlich aus Gründen der besseren Lesbarkeit und Verständlichkeit wurden in dieser Arbeit durchgehend die Bezeichnungen "Entwicklungshelfer", "Rückkehrer" u.ä. für beide Geschlechter verwendet. Keinesfalls ist durch diese Sprachregelung eine Diskriminierung der Entwicklungshelferinnen beabsichtigt.

den politischen und ökonomischen Rahmenbedingungen in denen sie stattfindet, d.h. von Grundsätzen, der praktischen Realisierung in Form von Projektpolitik, Ausbildung, Rekrutierung und Selektion der Entwicklungshelfer und einer Fülle weiterer Einflußgrößen. Dieser Gesamtkomplex mit all seinen Problemen wie Kompetenzschwierigkeiten, Konkurrenzverhältnisse, mangelnde finanzielle Ausstattung, Veränderungen politischer Rahmenbedingungen usw. ist in letzter Zeit selbst verstärkt in den Blickpunkt kritischer Auseinandersetzung geraten.[1] Diese zwar von den unterschiedlichsten Motivlagen und weltanschaulichen Grundpositionen getragene Kritik läßt die Aussage zu - und hier kann an den einleitenden Satz angeknüpft werden -, daß auch von einer Krise der Entwicklungshilfe und Entwicklungspolitik gesprochen werden kann, wobei von der Kritik in besonderem Maße die staatliche Entwicklungshilfe betroffen ist.

Auch Österreich leistet Entwicklungshilfe und ist daher von der allgemeinen Kritik unmittelbar angesprochen. Die Absicht dieser Studie wird es deshalb u.a. sein, innerhalb eines festgelegten Rahmens zu überprüfen, ob und in welchen Punkten Kritik gerechtfertigt ist. Ohne späteren Ergebnissen der Untersuchung vorzugreifen, soll an dieser Stelle betont werden, daß von einer moralischen, humanitären und wirtschaftlichen Notwendigkeit von Maßnahmen der Entwicklungszusammenarbeit ausgegangen wird. Folgt man der Einteilung von BRAUN (1991: 225f.), der die Entwicklungshilfekritiker in drei Lager unterteilt, entspricht die Ausgangsposition dieser Untersuchung am ehesten dem Lager der "Reformisten".[2]

Klarerweise können die Ursachen für die prekäre Situation der Entwicklungsländer und damit in gewissem Maße zusammenhängend auch für die oftmals kritisierte Ineffizienz von Maßnahmen der Entwicklungszusammenarbeit vielfältiger Natur sein. So findet man in der Literatur eine Vielzahl endogener Faktoren, wie Bevölkerungswachstum, Traditionalismus usw. und exogener Faktoren, wie internationale Abhängigkeitsbeziehungen, Spätfolgen des Kolonialismus usw., die je nach Position des Autors unterschiedlich gewichtet und interpretiert als Kausalfaktoren betrachtet werden.

---

[1] Stellvertretend für die vielen Entwicklungshilfekritiker seien hier BAUER (1982), DIRMOSER u.a. (1991), ERLER (1985), SCHNEIDER (1986) und WEILAND (1986) erwähnt. Einen Überblick über die unterschiedlichen Positionen bieten z.B. BRAUN (1991), NUSCHELER (1986) und KLEMP (1988).

[2] BRAUN (1991) identifiziert drei quer durch weltanschauliche Positionen und parteipolitische Präferenzen gehende Lager:
- Befürworter einer Aufstockung der Mittel (Internationale Nord-Süd-Kommission, aber auch die sog. "Hilfe-Industrie" - Organisationen, die in Industrie- und Entwicklungsländern von der Entwicklungshilfe leben)
- Fundamentalkritiker
- "Reformisten" (weder für kritiklose Fortsetzung und Aufstockung der Entwicklungshilfe noch für ihre Einstellung; für Weiterführung, aber Suche nach alternativen Ansätzen, Zielen und Methoden)

Es liegt auf der Hand, daß vor dem Hintergrund beschränkter personeller und finanzieller Ressourcen der Sinn einer derartigen Untersuchung und damit das Bestreben nach Praxisrelevanz nur in einer drastischen Beschränkung des Gesamtkomplexes "Entwicklungshilfe" auf einige wenige Sektoren liegen kann. Deshalb wird sich die vorliegende Arbeit weitgehend auf den Bereich der projektbezogenen personellen Entwicklungshilfe beschränken. Im Zentrum des empirischen Teils wird die Einsatztätigkeit von Entwicklungshelfern - retrospektiv gesehen von Rückkehrern, die zwischen 1982 und 1987 ihren Auslandseinsatz beendet haben - stehen. Fragen nach der Einschätzung ihrer Auslandstätigkeit, vor allem bezüglich der Erreichung der gesteckten Ziele, der aufgetretenen Problemfelder und der Möglichkeiten und Grenzen der Projektarbeit, bilden dabei den Schwerpunkt der Untersuchung. Die Datenerhebung erfolgte mittels standardisierter Fragebögen in Form einer postalischen Befragung.

Aus dem Gesagten resultiert, daß der Anspruch dieser Studie - vor dem Hintergrund der kurz skizzierten Konzeption - ein bescheidener und, durch das Bestreben nach Praxisrelevanz, ein hoher zugleich ist. Die Bescheidenheit des Anspruches ergibt sich aus der Tatsache, daß weite Bereiche der oben erwähnten Fragenkomplexe nur sehr fragmentarisch behandelt werden, d.h. eine Problematisierung bzw. Thematisierung wesentlicher theoretischer und auch praktischer Grundprobleme wird nur vor dem Hintergrund der eingeschränkten Problemstellung der Untersuchung geleistet werden. Die Gründe dafür liegen in der bereits erwähnten Beschränktheit der für diese Arbeit zur Verfügung stehenden personellen und finanziellen Ressourcen. Deshalb kann es sich bei dieser Untersuchung weder um eine Gesamtanalyse der österreichischen Entwicklungshilfe handeln - z.B. wird der gesamte Bereich der bi- und multilateralen Finanzhilfe, so notwendig auch eine genauere kritische Analyse dieses Komplexes wäre, nicht Gegenstand dieser Arbeit sein -, noch wird der Versuch unternommen werden, der Vielzahl bereits existierender Theorien zur Erklärung der Phänomens "Unterentwicklung" eine weitere hinzuzufügen bzw. die bestehenden kritisch einander gegenüberzustellen und auf ihre Praxistauglichkeit zu überprüfen. In den inhaltlichen Einschränkungen dieser Arbeit auf einen kleinen Ausschnitt der österreichischen Entwicklungszusammenarbeit liegt andererseits aber auch der hohe Anspruch begründet. Da der empirische Schwerpunkt dieser Untersuchung vor allem der Tätigkeit und den Einsatzerfahrungen der Entwicklungshelfer gewidmet ist, kann davon ausgegangen werden, daß die Ergebnisse sowohl für die Rekrutierung und Ausbildung von Entwicklungshelfern als auch für die Projektpolitik der in diesem Bereich tätigen Organisationen von Interesse sein können.

Zur Gliederung der vorliegenden Arbeit:

Um den Rahmen der projekt- und personalbezogenen Entwicklungshilfe zu skizzieren, ist der erste Abschnitt einer überblicksweisen Beschreibung der gesamten öffentlichen Entwicklungshilfeleistungen Österreichs gewidmet. Daran anschließend werden die für die Einsatztätigkeit der befragten Entwicklungshelfer verantwortlichen Entsendeorganisationen kurz vorgestellt.

Eine Auflistung der zentralen Fragestellungen bzw. die Beschreibung des methodischen Ablaufes der Untersuchung ist im Abschnitt "Problemstellung und Methodik" zu finden. Die Demographie der Befragten, die Einsatzmotivation und Einsatzvorbereitung, die Projekttätigkeit und die Situation nach der Einsatzbeendigung bilden die Gliederungspunkte des empirischen Teils, wobei die Projektarbeit im Zentrum des Interesses steht. Da ein beträchtlicher Anteil der befragten Entwicklungshelfer ihren Einsatz vorzeitig beendeten, wird auf diese Problematik in einem Exkurs näher eingegangen.

Nach der zusammenfassenden Darstellung der Untersuchungsergebnisse und den daraus resultierenden Schlußfolgerungen finden sich im Anhang in Tabellenform alle nicht im Textteil explizit angeführten Auswertungsergebnisse.

2. DIE STAATLICHE ENTWICKLUNGSHILFE ÖSTERREICHS

Obwohl sich diese Arbeit auf den Bereich der Personaleinsätze im Rahmen der österreichischen Entwicklungshilfe beschränkt, erscheint es dennoch notwendig, kurz die Grundlagen, Ziele und den Umfang der staatlichen Entwicklungshilfeleistungen insgesamt zu skizzieren. Einschränkend sei bemerkt, daß eine systematische Analyse der staatlichen Entwicklungshilfe Österreichs nicht die Zielsetzung dieser Untersuchung darstellt und somit an dieser Stelle auch nicht beabsichtigt ist.[1]

2.1. Institutioneller Rahmen

Die rechtliche Grundlage für die österreichische Entwicklungshilfe stellt das Bundesgesetz vom 10. Juli 1974 über die "Hilfe an Entwicklungsländer (Entwicklungshilfegesetz)" dar.[2] Darin wird Entwicklungshilfe wie folgt definiert:
"Entwicklungshilfe ... sind alle Maßnahmen und Leistungen, die der Vermittlung von Wissen und Können sowie der wirtschaftlichen und sozialen Entwicklung der Entwicklungsländer dienen, wie insbesondere

a) Gewährung von Sach- und Geldleistungen,

b) Planung und Durchführung von nach Art und Umfang bestimmten Vorhaben in Entwicklungsländern,

c) Bildung, Ausbildung und Betreuung von Angehörigen der Entwicklungsländer,

d) Ausbildung und Einsatz von Entwicklungshelfern und Experten,

e) Beratung einschließlich Ausarbeitung hiefür notwendiger Pläne und Studien."
(zit. nach: Bundeskanzleramt 1991: 94)

Breiten Raum in diesem Gesetz nimmt die Regelung der Vergabe von Bundesmitteln an Entwicklungshilfeorganisationen ein. Diese nichtstaatlichen Organisationen wickeln Projekte im Rahmen der bilateralen Entwicklungshilfe ab, der Staat beschränkt sich auf die Rolle des Geldgebers. Weitere Punkte dieses Gesetzes sind u.a.: Einrichtung eines Entwicklungshilfebeirates, jähr-

---

[1] Dieser Thematik wird in den regelmäßig erscheinenden Berichten der Österreichischen Forschungsstiftung für Entwicklungshilfe (ÖFSE) und in einer Vielzahl von Publikationen (z.B. BELLERS 1988, Beirat f. Wirtschafts- und Sozialfragen 1988, HARTMEYER/JÄGGLE 1992, HÖLL 1986, LIEBMANN 1994, ORNAUER 1979, POHL/ RÜTHEMANN 1986, SERTIC 1979, WINKLER 1988, ZAUNER 1991) breiter Raum gewidmet.

[2] Eine Neufassung dieses Gesetzes wird seit Jahren eingehend diskutiert und dürfte in absehbarer Zeit im Nationalrat behandelt werden.

liche Erstellung eines Dreijahres-Entwicklungshilfeprogrammes, dreijährlicher Bericht des Bundeskanzlers an das Parlament. Bezüglich der Ziele und Grundsätze österreichischer Entwicklungshilfe sind in diesem Gesetz keine Aussagen enthalten. Diese finden eine ausführliche Darstellung in den erwähnten Dreijahresberichten.[1] An dieser Stelle sollen nur kurz die entwicklungspolitischen Ziele des Dreijahresprogrammes 1992 - 1994 dargestellt werden:

"*Nicht Wirtschaftswachstum schlechthin, sondern*
- *die Befriedigung grundlegender materieller und geistiger Bedürfnisse der Menschen,*
- *die Entwicklung der staatlichen Infrastruktur,*
- *die Bekämpfung von Arbeitslosigkeit und Unterbeschäftigung,*
- *die prioritäre Förderung der Landwirtschaft und der ländlichen Entwicklung,*
- *die Erhöhung der Produktivität einkommensschwacher Industriebetriebe,*
- *die Verringerung von Einkommens- und Vermögensunterschieden*
sind Ziele der österreichischen Entwicklungszusammenarbeit."
(Bundeskanzleramt 1991: 30)

Die Hauptkompetenz für Angelegenheiten der öffentlichen Entwicklungshilfe liegt derzeit (seit 1. Jänner 1995) beim **Außenministerium**. Das Wort "derzeit" deutet schon an, daß die Zuständigkeit in diesem Bereich mehrfach wechselte, wie ein kurzer Rückblick in die Geschichte der österreichischen Entwicklungspolitik illustriert.

Erst seit Anfang der 60er Jahre kann von einer staatlichen Entwicklungshilfe Österreichs gesprochen werden (vgl. DERKOWITSCH 1982: 10, ZAUNER 1991: 59). In einer OECD-Statistik für das Jahr 1961 wurden 4 Mio. US$ (oder 0.04% des Bruttoinlandsproduktes) als öffentliche Entwicklungshilfe Österreichs ausgewiesen. Dies gilt als erster Hinweis auf eine institutionalisierte staatliche Entwicklungshilfe in Österreich (vgl. Beirat 1988: 134). 1963 wurde das "**Interministerielle Komitee zur Förderung der Entwicklungsländer**" (**IKFE**) gegründet, dem Vertreter aller Ressorts angehörten und das sich in erster Linie mit Koordinationsaufgaben beschäftigte. Dieses Komitee, das über wenig eigene Gestaltungsmöglichkeiten verfügte und sich als eher unflexibles Organ erwiesen hatte, wurde 1970 in ein Ministerkomitee für Entwicklungshilfe umgewandelt.

1973 wurde eine Neugestaltung der administrativen Kompetenzregelung vorgenommen, bei der dem **Bundeskanzleramt** eine "Generalkompetenz" in Fragen der Entwicklungshilfe zuerkannt wurde (vgl. HÖLL 1986: 36). Es wurde ein eigenes Staatssekretariat eingerichtet, das neben der öffentlichen Entwicklungshilfe auch für die verstaatlichte Industrie verantwortlich war. Gewisse Zuständigkeiten verblieben aber weiterhin bei verschiedenen Ministerien wie z.B. beim Finanzministerium (multilaterale Finanzhilfe),

---

[1] vgl. dazu die Analyse von SERTIC 1989, wo auch auf die Veränderung dieser Grundsätze eingegangen wird.

Außenministerium (multilaterale technische Hilfe), Unterrichtsministerium und Wirtschaftsministerium. 1974 wurde mit dem angeführten Entwicklungshilfegesetz die bis heute geltende gesetzliche Grundlage für die öffentliche Entwicklungshilfe geschaffen. Die nach wie vor bestehende Kompetenz- und auch Interessensvielfalt ist einer sinnvollen Konzentration und auch Kontrolle der eingesetzten Mitteln sicher nicht zuträglich, zumal auch noch nichtstaatliche Organisationen mit eigenen Zielen und Vorstellungen in die staatliche Entwicklungshilfe eingebunden sind (vgl. HÖLL 1986: 38f., ORNAUER 1979: 338ff., SERTIC 1989: 141f., ZAUNER 1991: 60). Auch die Arbeit des 1975 ins Leben gerufenen Beirates konnte in diesem Bereich keine entscheidenden Impulse setzen und wird in der Literatur eher skeptisch beurteilt (BELLERS 1988: 59).

Im Zuge einer Regierungsumbildung 1984 und einer damit verbundenen Kompetenzverschiebung wurde die Zuständigkeit für Fragen der Entwicklungshilfe vom Bundeskanzleramt auf das **Außenministerium** übertragen, wo eine eigene Sektion damit befaßt wurde. Die dadurch ermöglichte verstärkte Konzentration des Mitteleinsatzes wurde seitens der Fachöffentlichkeit vorsichtig optimistisch eingeschätzt (vgl. BELLERS 1988: 60, HÖLL 1986: 38).

Infolge der Koalitionsvereinbarung nach der Nationalratswahl 1990 kehrte die Sachkompetenz wieder zum **Bundeskanzleramt** zurück, wo ein eigenes Staatssekretariat eingerichtet wurde, das allerdings auch für Fragen der europäischen Integrationspolitik zuständig war. Kritisierte ORNAUER (1979: 342) die damalige Verbindung von Fragen der Entwicklungshilfe mit dem Bereich der verstaatlichten Industrie in einem Staatssekretariat, so stellt sich hier die Frage, ob nicht die Verbindung von Fragen der europäischen Integration und dem Komplex der Entwicklungshilfe zu Lasten letzteren geht.

Der (vorläufig?) letzte Kompetenzwechsel zwischen Bundeskanzleramt und Außenministerium fand mit Jahreswechsel 1994/95 statt.

Klarerweise kann diese Auflistung von Daten der Geschichte der österreichischen Entwicklungspolitik nicht gerecht werden. So sind die einzelnen Kompetenzverschiebungen sehr eng mit innen- und auch parteipolitischen Interessenslagen verbunden, nicht zu vergessen, daß auch Wahlentscheidungen meist veränderte Weichenstellungen mit sich brachten. Veränderungen in den Zielvorstellungen und in programmatischen Grundsätzen sind auch ein Spiegel internationaler politischer und wirtschaftlicher Veränderungen, die sich ebenfalls in der entwicklungstheoretischen Diskussion niederschlagen. Hierzu nur einige Schlagworte: Abkehr von reinen Modernisierungsmodellen, Einfließen dependenztheoretischer Überlegungen, Bekenntnis zur Grundbedürfnistheorie und zu partizipativen Ansätzen. Anzumerken ist dabei allerdings, daß sich in der österreichischen Entwicklungshilfepraxis die programmatischen Veränderungen nicht zwangsläufig widerspiegeln, was nicht zuletzt auch daran zu erkennen ist, daß der Grundtenor der Entwicklungshilfekritik in den letzten beiden Jahrzehnten nahezu unverändert ist. Die oftmalige Kompetenzverschiebung - man könnte durchaus von einem "Entwicklungshilfe-Pingpong" sprechen (vgl. JÄGGLE 1995: 10) - kann aber als Indiz für den geringen politischen Stellenwert von Fragen der öffentlichen Entwicklungszusammenarbeit gesehen werden kann.

2.2. Umfang der öffentlichen Entwicklungshilfe

Die Grundlage für die österreichische Entwicklungspolitik bilden neben der skizzierten gesetzlichen Regelung auch die internationalen Verpflichtungen, die aus dem Beitritt zur UNO, zu Entwicklungsbanken und aus der Mitgliedschaft im Entwicklungshilfeausschuß (DAC = Development Assistance Committee) der OECD resultieren. Die Mitglieder dieses Ausschusses (18 westliche Industrieländer und die EU-Kommission) haben sich verpflichtet, 0.7% des Bruttonationalproduktes (BNP) als öffentliche Entwicklungshilfe (Official Development Assistance = ODA) zu leisten. Als ODA gelten - laut DAC-Definition - *"sämtliche Leistungen an Entwicklungsländer und multilaterale Stellen, die vom Staat und von den übrigen Gebietskörperschaften ... gewährt werden, sofern diese Leistungen folgende Bedingungen erfüllen:*

- *ihr Hauptziel muß die Förderung der wirtschaftlichen Entwicklung und die Verbesserung der Lebensbedingungen in den Entwicklungsländern sein und*

- *sie müssen zu vergünstigten finanziellen Bedingungen erbracht werden und ein rechnerisches Zuschußelement von mindestens 25% aufweisen."*
(zit. nach ÖFSE 1992: 3)

Vorausschickend kann angemerkt werden, daß Österreich, trotz unzähliger politischer Absichtserklärungen, noch weit von der Verwirklichung dieser Zielvorgabe entfernt ist. Als mittelfristiges Ziel seitens der Bundesregierung wird derzeit die Erreichung des DAC-Durchschnitts (0.35%) angestrebt (vgl. Bundeskanzleramt 1991: 41).

Die öffentliche Entwicklungshilfe wird (entsprechend der DAC-Norm) in *bilaterale* und in *multilaterale* Leistungen aufgeschlüsselt, wobei jeweils wiederum zwischen *technischer Hilfe* (auch als "Zuschüsse" bezeichnet) und *Finanzhilfe* (Kredite und Kapitalzeichnungen) unterschieden wird (vgl. ÖFSE 1991: 3ff.). Die Hauptkomponenten der staatlichen Entwicklungshilfe bestehen also aus:

* **bilateralen Leistungen** (Mittel, die direkt an ein Land vergeben werden, aber auch indirekte Leistungen, die einem Land zugeordnet werden können)
   - *bilaterale Zuschüsse* (nicht rückzahlbare Leistungen):
     Dazu zählen u.a. Entwicklungsprojekte, Einsatzkosten für Entwicklungshelfer, Studienplatzkosten für Studenten aus Entwicklungsländern, Katastrophen-, Nahrungsmittel- und Flüchtlingshilfe, Kosten für

Asylwerber und der Verwaltungsaufwand.

- *bilaterale Kredite* (rückzahlbare Leistungen an einzelne Entwicklungsländer)

* **multilateralen Leistungen** (Beiträge an internationale Organisationen und Finanzinstitutionen, die Entwicklungsprogramme durchführen bzw. Kredite vergeben.)
  - *multilaterale Zuschüsse* (Beitragszahlungen an internationale Organisationen nicht finanzinstitutioneller Art):
    Durchschnittlich mehr als 3/4 dieser Zuschüsse entfallen auf das Entwicklungsprogramm der Vereinten Nationen (UNDP) und auf verschiedene UN-Organisationen, wie z.B. UNICEF, FAO, WHO. (vgl. ÖFSE 1991: 43f.)
  - *multilaterale Finanzhilfe* (Zahlungen auf Kapitalzeichnungen internationaler Finanzinstitutionen):
    Dies sind vor allem die Weltbankgruppe und die Entwicklungsbanken für Afrika, Asien und Lateinamerika.

Die folgende Tabelle zeigt den Umfang der öffentlichen Entwicklungshilfe Österreichs von 1982 - 1991, wobei die Gesamtsumme jeweils in die o.a. Komponenten aufgeschlüsselt wurde.

Tabelle 1: Österreichische Entwicklungshilfe 1982 - 1991

Angaben in Mill. öS

	82	83	84	85	86	87	88	89	90	91
bilateral	2815	2272	2745	3607	2160	1983	2005	2658	3404	5075
Zuschüsse-bilateral	870	863	814	909	923	972	1097	1390	1833	2868
Kredite-bilateral	1945	1409	1931	2698	1237	1011	908	1268	1571	2207
multilateral	1203	559	883	1534	858	559	1717	1079	1073	1327
Zuschüsse-multilateral	271	320	324	360	322	290	276	383	377	430
Kapitalzeichnungen	932	239	559	1174	536	269	1441	696	696	897
GESAMT	4018	2831	3628	5141	3018	2542	3722	3737	4477	6402
% des BNP	0.35	0.23	0.28	0.38	0.21	0.17	0.24	0.23	0.25	0.34

eigene Zusammenstellung, Quelle: ÖFSE-Berichte 1986, 1989, 1992

Diese Zahlen zeigen deutlich, daß die öffentliche Entwicklungshilfe im Laufe des letzten Jahrzehnts starken Schwankungen sowohl bezüglich des Gesamtumfanges als auch der Zusammensetzung unterworfen war. Seit 1987 ist ein kontinuierlicher Anstieg bemerkbar, der zumindest die Erreichung des mittelfristigen Zieles der Bundesregierung (0.35% des BNP) in greifbare Nähe rücken läßt. Die Erreichung der erwähnten 0.7% Zielvorgabe in einem absehbaren Zeitraum erscheint aber nach wie vor als illusorisch. Die Zusammensetzung und den quantitativen Umfang der staatlichen Entwicklungshilfe im Verlaufe des letzten Jahrzehnts illustriert folgende Abbildung.

Abbildung 1: Österreichische Entwicklungshilfe 1982 - 1991

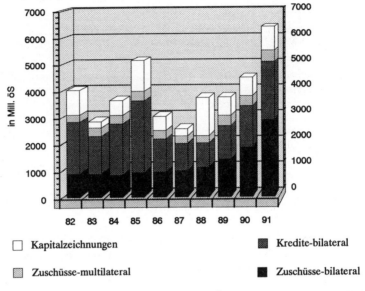

eigene Zusammenstellung, Quelle: ÖFSE-Berichte 1986, 1989, 1992

Die am Beginn dieses Kapitels angeführten Grundsätze und Zielvorstellungen der österreichischen Entwicklungspolitik beschreiben zwar in idealtypischer Weise den Rahmen der Entwicklungshilfe, sie können aber auf die tatsächlichen Entwicklungshilfeleistungen nur zum Teil Anwendung finden. So leistet Österreich zwar Beiträge im Rahmen der multilateralen Entwicklungshilfe, kann aber beim Mitteleinsatz der betreffenden Organisationen nur im Ausmaße des (sehr geringen) Anteils am Gesamtbudget mitwirken. Deshalb ist vor allem der bilaterale Bereich für die Beurteilung der Qualität der Entwicklungshilfe von Bedeutung. Durchschnittlich fast 75% der öffentlichen Entwicklungshilfe entfallen im angeführten Zeitraum auf bilaterale Kredite und Zuschüsse. Da auch bei den bilateralen Kreditvergaben der gestaltbare entwicklungspolitische Spielraum eher gering ist, verbleibt für die Umsetzung programmatischer Grundsätze und Zielvorgaben vor allem der Bereich der bilateralen Zuschüsse. Die personelle Entwicklungshilfe, d.h. der Einsatz von Entwicklungshelfern, die im Rahmen der vorliegenden Arbeit das primäre Interesse darstellt, bildet einen Teil dieser bilateralen Zuschüsse (oder technischen Hilfe). Deshalb soll auf diesen Bereich in der Folge etwas genauer eingegangen werden.

Den Umfang und die Zusammensetzung der bilateralen Zuschüsse illustriert die folgende Abbildung am Beispiel der staatlichen Entwicklungshilfeleistungen des Jahres 1991:

Abbildung 2: Österreichische Entwicklungshilfe 1991 - Verteilung der bilateralen Zuschüsse (Angaben in Millionen)

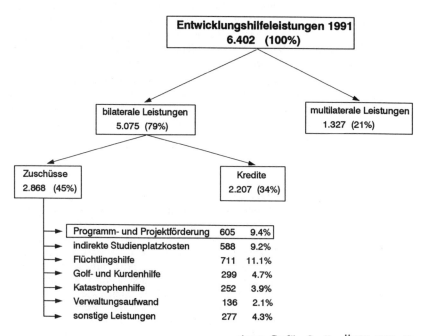

eigene Grafik, Quelle: ÖFSE 1992: 10

Es zeigt sich also, daß von den gesamten bilateralen Zuschüssen deutlich weniger als ein Viertel in die Programm- und Projektförderung fließen, d.h. in den Bereich, in dem der entwicklungspolitische Gestaltungsspielraum am ausgeprägtesten ist. Einige der angeführten Budgetposten entziehen sich völlig der Kompetenz des Staatssekretariats im Bundeskanzleramt, andere wiederum stellen rein rechnerische Größen und nur im weitesten Sinne entwicklungspolitische Leistungen dar.

Dies betrifft vor allem die Studienplatzkosten für Studenten aus Entwicklungsländern, die mit fast 600 Millionen Schilling veranschlagt sind. Bei diesem Betrag handelt es sich um den statistisch errechneten Kostenanteil der Studierenden aus Entwicklungsländern am allgemeinen Hochschulbudget. 1991 basiert diese Berechnung auf 7.239 Studierende aus Entwicklungsländern, wovon 38% aus europäischen Entwicklungsländern stammen. Es soll hier nicht der Frage nachgegangen werden, ob die universitäre Infrastruktur durch die angeführte Studentenzahl im genannten Ausmaß belastet wird, es erscheint aber auch nicht verwunderlich, daß dieser Entwicklungshilfeposten seitens der OECD nicht auf ungeteilte Zustimmung stößt.

Den mit über 700 Millionen Schilling größten Posten im Rahmen der bilateralen Zuschüsse nimmt die Flüchtlingshilfe, d.h. die Kosten für Asylwerber/innen aus Entwicklungsländern, ein. Dieser, in den Kompetenzbereich des Innenministeriums entfallende Betrag, so notwendig diese Aufwendung natürlich ist, wird in erster Linie im Inland wirksam und ist nur indirekt entwicklungspolitisch von Bedeutung.

Es ist hier nicht der Raum, jeden einzelnen Posten kritisch zu durchleuchten.[1] Es sollte nur gezeigt werden, daß auch im Rahmen der bilateralen Zuschüsse (auch als "Geschenke" bezeichnet), große Teile nur sehr bedingt als entwicklungspolitisch wirksam bezeichnet werden können. Weniger als die Hälfte der Ausgaben werden direkt in die Entwicklungsländer transferiert (vgl. HÖLL 1986: 60), es sei hier beispielsweise auf die indirekten Studienplatzkosten verwiesen.

Im Vergleich zum Jahre 1990 wurde zwar 1991 der Bereich der bilateralen Zuschüsse um mehr als 1 Milliarde Schilling aufgestockt, diese Erhöhung ist aber weitgehend auf die "Golf- und Kurdenhilfe" und auf die gesteigerten Kosten für die Flüchtlingsbetreuung zurückzuführen. Es muß aber auch positiv vermerkt werden, daß die Aufwendungen für die "Programm- und Projektförderung" in den letzten Jahren kontinuierlich angehoben wurden. So stieg der Budgetansatz in diesem Bereich von 1987 bis 1991 um 300 Millionen Schilling an, was einer Verdoppelung gleichkommt. Da aber aus diesem "Topf" nicht nur die Kosten für Entwicklungsprojekte und für den Personaleinsatz der Entsendeorganisationen bestritten werden müssen, sondern auch die Subventionen für die Arbeit entwicklungspolitischer nichtstaatlicher Organisationen und für Stipendien für Studenten aus der Dritten Welt u.a.m., erscheint die Gesamtsumme, nicht zuletzt in Relation zu anderen Komponenten des Entwicklungshilfebudgets, nach wie vor zu gering.

Ungefähr ein Drittel der Projektmittel wurden für den Sektor "Soziale Infrastruktur und Dienstleistungen" verwendet (z.B. Bildung, Gesundheit, Wasserversorgung). Mit jeweils etwa 15% folgen Aufwendungen für die "Wirtschaftliche Infrastruktur" (z.B. Transport, Kommunikation) und den "Produktionssektor" (vor allem Landwirtschaft). Die verbleibenden Aufwendungen betreffen entweder mehrere Sektoren oder sind nicht eindeutig zuzuordnen (vgl. ÖFSE 1992: 22).

Mit durchschnittlich der Hälfte der eingesetzten Mittel liegt die regionale Schwerpunktsetzung eindeutig auf dem afrikanischen Kontinent. Auffällig ist

---

[1] Im angeführten ÖFSE-Jahresbericht 1992 werden die einzelnen Posten sehr ausführlich analysiert.

aber dennoch die große Zahl an Ländern insgesamt, die Mittel aus dem Bereich der bilateralen technischen Hilfe bezogen. Vor dem Hintergrund der ohnehin nicht allzu reichlich zur Verfügung stehenden Mittel muß schon die Frage gestattet sein, ob eine Aufteilung auf mehr als 40 Länder als sinnvoll erscheint. Angemerkt werden muß allerdings, daß die Notwendigkeit einer sachlichen und regionalen Mittelkonzentration auch von den Verantwortlichen schon seit längerer Zeit immer wieder betont wird (vgl. Bundeskanzleramt 1984: 43ff. und Bundeskanzleramt 1991: 48), diese Erkenntnis sich aber in der Entwicklungshilfepraxis (noch) nicht wiederfindet. Wieweit die programmatische Erklärung zu diesem Thema anläßlich der Präsentation des neuen Dreijahresplanes für Entwicklungszusammenarbeit eine Trendwende einleitet, werden erst zukünftige Jahresberichte zeigen. Jedenfalls wurde von der damals zuständigen Staatssekretärin Ederer eine Straffung der österreichischen Entwicklungshilfe angekündigt (vgl. STUIBER 1993: 5).

2.3. Anmerkungen zur Entwicklungshilfepraxis

"Die gegenwärtige Entwicklungshilfepolitik ... ist von den Problemen der österreichischen Exportwirtschaft und der wirtschaftlichen Lage im allgemeinen, vom Fehlen eines außenpolitischen Konzepts für das Verhältnis zur Dritten Welt und vom (angeblichen) Fehlen einer Öffentlichkeit beeinflußt, die eine echte Hilfe an die Entwicklungsländer unterstützen würde." (ORNAUER 1979: 340) - *"Exportkredite als Entwicklungshilfe - Kritik an beschönigender Entwicklungspolitik":* Zwischen der ersten Aussage und der Überschrift eines "Standard"-Artikels vom 20. Nov. 1992 (ERTL 1992: 5) liegen 13 Jahre. In vielen Publikationen wurden sehr ähnlich klingende Kritikpunkte an der öffentlichen Entwicklungshilfe geäußert. Es besteht Einigkeit darüber, daß die Mittel erhöht und die Qualität verbessert werden müßte.

Neben einzelnen Posten der bilateralen Zuschüsse, auf die bereits eingegangen wurde, stehen vor allem die bilateralen Kredite im Zentrum der Kritik. Den weitaus größten Anteil dabei nehmen die "gebundenen öffentlichen Kreditfinanzierungen" ein, manchmal kurz auch als Exportförderungskredite bezeichnet. Diese Kredite werden zur Bezahlung österreichischer Lieferungen an Entwicklungsländer zu begünstigten Bedingungen vergeben, wobei naturgemäß die ärmeren Länder, da sie sich die Rückzahlung nicht leisten können, als Empfänger meist ausscheiden. 1991 betrug die Gesamtsumme dieser Kredite mehr als 1.8 Milliarden Schilling, was mehr als ein Viertel der gesamten Entwicklungshilfeleistungen ausmachte. Wenn zusätzlich noch in Betracht gezogen wird, daß der Großteil dieses Betrages an China vergeben wurde, wird deutlich, daß in diesem Bereich wirtschaftspolitische

Überlegungen die entwicklungspolitischen Grundsätze nicht zum Tragen kommen lassen.[1]

Die etwas sarkastische Bemerkung in einem "Profil"-Artikel: *"Wenigstens ein Schwerpunktland der österreichischen Entwicklungshilfe ist über die Jahre hinweg gleichgeblieben: Österreich."* (KALTENBRUNNER 1991: 66) spricht einen Kernbereich der Auseinandersetzung um die österreichische Entwicklungshilfe an. *"Die Exportfinanzierungskredite, zusammen mit den Staatskrediten sowie der Nahrungsmittelhilfe, einem Teil der technischen Hilfe und der statistisch errechneten Leistungen für Studenten sowie der Verwaltungsausgaben, sind inlandswirksam und man kann davon ausgehen, daß eine Inlandswirksamkeit der öffentlichen Entwicklungshilfe Österreichs von ca. 70-75% gegeben ist."* (Beirat 1988: 22). Ein beträchtlicher Teil der Gesamtsumme verbleibt also in Österreich oder kommt der österreichischen Wirtschaft zugute. Dies ist auch nicht prinzipiell abzulehnen, es sei hier nur auf die Bedeutung entwicklungspolitischer Informations- und Öffentlichkeitsarbeit in Österreich oder auf die Wichtigkeit einer qualifizierten Ausbildung für Entwicklungshelfer und Experten verwiesen, aber bei allen Einzelposten des Entwicklungshilfebudgets sollten die formulierten Grundsätze und Zielvorgaben gegenüber wirtschaftlichen Interessen im Vordergrund stehen.

Seitens der Politik wird öfters damit argumentiert, daß es in der Öffentlichkeit an einer breiten Unterstützung für Entwicklungshilfe mangelt und somit eine deutliche Ausweitung dieser Mittel auf eine nur geringe Akzeptanz stoßen würde (vgl. SERTIC 1989: 141). Es ist zwar richtig, daß im europäischen Vergleich die Entwicklungshilfebereitschaft der Österreicher etwas geringer ausgeprägt ist als in den meisten EU-Ländern. Es ist aber auch zu konstatieren, daß die Akzeptanz entwicklungspolitischer Leistungen im Ansteigen begriffen ist (wenn auch in relativ bescheidenem Ausmaße), wie KOLLAND (1989) in seiner Analyse von 10 Umfragedaten zu diesem Themenbereich aus den Jahren 1970-1988 feststellt. So befürworteten 1988 27% der Befragten eine Erhöhung des österreichischen Beitrages, 19% traten für eine Verringerung ein; die Vergleichszahlen aus einer Untersuchung aus dem Jahre 1981 lauten: 9% - Erhöhung und 26% - Verringerung (KOLLAND 1989: 446). Diese Prozentwerte, die sicherlich noch keinen Anlaß zu übertriebenem Optimismus geben, sollten aber auch nicht dazu dienen, eine Stagnation der Entwicklungshilfemittel zu legitimieren, sondern im Gegenteil, die Notwendigkeit umfassender Informations- und Öffentlichkeitsarbeit zu unterstreichen.

Im internationalen Vergleich nehmen die österreichischen Entwicklungshilfeleistungen sowohl bezüglich Umfang als auch bezüglich der Qualität

---

[1] Eine detailreiche Analyse der österreichischen Wirtschaftsbeziehungen zu Ländern der Dritten Welt leisten POHL/RÜTHEMANN/STEINER (1986). Anhand vieler Beispiele zeichnen sie ein sehr kritisches Bild der wirtschaftlichen Praxis aus entwicklungspolitischer Sicht.

einen Rang im unteren Drittel der Statistik ein. Es werden demnach große Anstrengungen seitens der Verantwortlichen notwendig sein, sich mittelfristig zumindest im Mittelfeld zu placieren. Wünschenswert wäre eine öffentliche Entwicklungshilfe, die keinen Anlaß mehr für (derzeit noch immer zutreffende) Aussagen wie dieser gibt: *"Wenn man unter Entwicklungshilfe einen Beitrag zur eigenständigen Entwicklung der Dritten Welt und zur Verringerung der ungerechten Ungleichheit zwischen Industrie- und Entwicklungsländern, aber auch innerhalb der letzteren versteht, dann hat Österreich bisher auf dem Gebiet der Entwicklungshilfe und der Entwicklungspolitik weitgehend versagt."* (ORNAUER 1979: 338)

3. DIE ENTSENDEORGANISATIONEN

Im Gegensatz zum landläufigen Verständnis von Entwicklungshilfe, bei dem mit diesem Begriff sicherlich zuerst einmal Nahrungsmittel für Hungernde, Medikamente, Zelte und Decken für Betroffene von Naturkatastrophen oder auch der "klassische" Entwicklungshelfer im "Busch" assoziiert werden, entspricht die öffentliche Entwicklungshilfe - wie im letzten Abschnitt gezeigt wurde - nur zu einem relativ geringen Teil diesem Bild. Vor allem der Bereich der Personalentsendung ist trotz oder gerade wegen des quantitativ kleinen Anteils an den Gesamtmitteln von besonderem entwicklungspolitischen Interesse, da Enwicklungshelfer direkt vor Ort im Rahmen der Grundsätze und Zielvorgaben tätig werden. Nicht zu vernachlässigen ist dabei auch die Informations- und Öffentlichkeitsarbeit, die von zurückgekehrten Entwicklungshelfern geleistet wird, sodaß auch von einer Multiplikatorenfunktion der personellen Entwicklungshilfe gesprochen werden kann.

Wie bereits an anderer Stelle gezeigt wurde, geht die österreichische Entwicklungshilfeadministration weitgehend vom Grundsatz der mittelbaren Entwicklungshilfeleistungen aus. So werden staatlicherseits weder eigene Projekte durchgeführt noch das notwendige Fachpersonal ausgebildet und in die entsprechenden Länder entsandt. Der Staat bedient sich verschiedener Entwicklungshilfeorganisationen, die funktional in Betreuungs-, Forschungs-, Entsende-, Bildungs- und Öffentlichkeitsarbeitsorganisationen unterteilt werden (vgl. HÖLL 1986: 40). Dies sind private Organisationen und auch Firmen, die als Trägerorganisationen fungieren und die direkte Zusammenarbeit mit dem Empfänger der Hilfe in der Dritten Welt durchführen. Für den Bereich der Personalentsendung sind dies vor allem das "Institut für Internationale Zusammenarbeit" (IIZ) und der "Österreichische Entwicklungsdienst" (ÖED). Neben diesen beiden katholischen Organisationen gab und gibt es noch eine Reihe weiterer privater Einrichtungen und Unternehmen, die sich mit der Entsendung von Fachkräften in Dritte-Welt-Länder im Rahmen der Entwicklungshilfe beschäftigen. Dies waren für den Untersuchungszeitraum (1982-1987) z.B. die "Volkshilfe" und die "Entwicklungswerkstatt Salzburg", die beide, aus Gründen, auf die hier nicht näher eingegangen werden soll, mittlerweile die Entsendetätigkeit bzw. die entwicklungspolitische Arbeit insgesamt einstellten. Ferner sind sowohl verstaatlichte als auch private Unternehmen (z.B. VOEST-Alpine bzw. Austrovieh) in diesem Bereich tätig (vgl. HÖLL 1986: 41). In den letzten Jahren hat sich die "Österreichische Gesellschaft für Entwicklungszusammenarbeit - ADC" (Association for Development Cooperation) mit einem beachtlichen Projektvolumen im Kreise der nichtstaatlichen Organisationen etabliert. Insgesamt mehr als 50 österreichische Projektträger[1] wurden im Rahmen der bilateralen Entwicklungs-

---

[1] Eine vollständige Liste der Projektträger ist dem ÖFSE-Bericht 1992, S. 58f., zu entnehmen.

hilfe im Jahre 1991 tätig, wobei allerdings nur bei einem Teil davon auch Personalentsendungen inkludiert waren.

Da sowohl für das IIZ als auch für den ÖED die Personalentsendung ein zentrales Tätigkeitsfeld darstellt, sie über die größte Erfahrung in diesem Bereich verfügen und sie somit die wichtigsten Entsendeorganisationen im Rahmen der österreichischen Entwicklungshilfe sind, haben wir uns bei der vorliegenden Untersuchung auf die zurückgekehrten Entwicklungshelfer dieser Organisationen beschränkt. In der Folge soll kurz der organisatorische Rahmen der beiden Organisationen dargestellt werden. Auf konkrete Tätigkeitsbereiche wie Vorbereitung, Projektpolitik, Wiedereingliederungshilfen wird an dieser Stelle nicht eingegangen, diese werden in den entsprechenden Kapiteln dieser Arbeit behandelt.

3.1. Das Institut für Internationale Zusammenarbeit (IIZ)

Dieses Institut wurde 1963 von der österreichischen Sektion der internationalen katholischen Friedensbewegung "Pax Christi" gegründet. Die Zielsetzung besteht nach wie vor darin, qualifizierte, vor allem akademische Fachkräfte für Tätigkeiten in Entwicklungsländer vorzubereiten und sie in entsprechende Projekte zu entsenden (vgl. IIZ-Jahresbericht 1981: 7), wobei die gegenwärtige Projektpolitik einen etwas umfangreicheren Ansatz aufweist (siehe dazu: Abschnitt 8.1.). Das IIZ gilt als Institut nach kanonischem Recht und als offener Dienst der Kirche (vgl. HÖLL 1986: 40).

Die gegenwärtige Organisationstruktur sieht eine Gliederung in drei Referate (Afrika, Lateinamerika, Verwaltung) vor, die jeweils wiederum in einzelne Bereiche untergliedert sind. Dem Institutsleiter steht zur Beratung ein Leitungsgremium zur Seite, das auch für die Erstellung von Vorschlägen für das Kuratorium und für die Entwicklung von Zielvorgaben verantwortlich ist. Dem IIZ-Kuratorium obliegt die Genehmigung des Jahresprogrammes und des Rechnungsabschlusses (vgl. IIZ-Jahresbericht 1992: 43).

Durchschnittlich 90% der Gesamtfinanzierung werden aus staatlichen Mitteln der Entwicklungshilfe getragen, der Rest wird von nichtstaatlichen Organisationen aufgebracht (z.B. Österreichische Bischofskonferenz, Diözesankommissionen für Weltkirche und Entwicklung, Dreikönigsaktion der Katholischen Jungschar, Caritas ...).

3.2. Der Österreichische Entwicklungsdienst (ÖED)

Der ÖED betrachtet sich als Nachfolgeorganisation des "Entwicklungshelferdienstes der Katholischen Landjugend Österreichs", der 1961 die ersten vier Entwicklungshelfer (nach Tansania) entsandte (vgl. ÖED 1989: 48). Aus der Notwendigkeit, eine breitere Finanz- und Organisationsbasis zu schaffen, kam es 1968 zur Gründung des "Österreichischen Entwicklungshelferdienstes" auf vereinsrechtlicher Basis, wobei aus dem angeführten Grund das Jahr 1961 als eigentliches Gründungsjahr angesehen wird. Nachdem neben der Personalentsendung auch die entwicklungspolitische Bildungsarbeit als Tätigkeitsfeld statutarisch festgelegt wurde, erfolgte 1977 die Umbenennung in "Österreichischen Entwicklungsdienst - ÖED" (vgl. ÖED-Jahresbericht 1988: 199).

Hinsichtlich der entwicklungspolitischen Grundsätze und Zielvorstellungen zeigen sich keine wesentlichen Unterschiede zu denen des IIZ. Beide Organisationen sind, wie auch alle anderen, mit Entwicklungshilfe befaßten, katholischen Organisationen, in der 1963 geschaffenen "Koordinierungsstelle der Österreichischen Bischofskonferenz für Internationale Entwicklung und Mission" vertreten. Bei den Personaleinsätzen ist der ÖED - im Gegensatz zum IIZ - schwerpunktmäßig auf den Einsatz von nicht-akademischen Entwicklungshelfern spezialisiert (vgl. HÖLL 1986: 41).

Die Mitgliedsorganisationen des ÖED lassen sich in ordentliche und außerordentliche Mitglieder unterscheiden, wobei sich die erstgenannten zur Zahlung eines Beitrages verpflichtet haben. Ordentliche Mitglieder sind: Katholische Männerbewegung Österreichs, Katholische Frauenbewegung Österreichs, Katholische Jungschar Österreichs, Katholische Jugend Land Österreich, Katholische Männerbewegung der Diözese Graz-Seckau, Österreichische Caritaszentrale, Diözese Innsbruck und Diözese Feldkirch. Alle Mitgliedsorganisationen sind in der einmal jährlich zusammentretenden Vollversammlung vertreten. Der alle zwei Jahre von der Vollversammlung gewählte Vorstand ist für die Grundsätze, Schwerpunkte und Finanzierung der ÖED-Arbeit verantwortlich (ÖED 1989: 50).

Neben den erwähnten Mitgliedsbeiträgen tragen vor allem öffentliche Mittel aus dem Entwicklungshilfebudget zur Finanzierung der Arbeit des ÖED bei. So werden rund 70% der Kosten des Entwicklungshelferprogrammes aus Mitteln der bilateralen Entwicklungshilfe bestritten.

3.3. Exkurs: Zum Begriff "Entwicklungshelfer"

Die derzeitige gesetzliche Grundlage für die Entsendung von Fachkräften in Entwicklungsländer im Rahmen der öffentlichen Entwicklungshilfe bildet neben dem erwähnten Entwicklungshilfegesetz das 1983 beschlossene Gesetz über den "Personaleinsatz im Rahmen der Zusammenarbeit mit Entwicklungsländern", kurz als Entwicklungshelfergesetz bezeichnet. Dieses Gesetz definiert Entwicklungshelfer oder Experten, im Gesetzestext als Fachkräfte bezeichnet, wie folgt: *"Fachkräfte sind eigenberechtigte Personen, die im Auftrag einer österreichischen Entwicklungshilfeorganisation in Entwicklungsländern zu dem Zweck tätig sind, im Rahmen eines Vorhabens (Projektes), das den Grundsätzen des Entwicklungshilfeprogramms entspricht, an der wirtschaftlichen und sozialen Entwicklung dieser Länder mitzuarbeiten ... "* (zit. nach Bundeskanzleramt 1991: 97).

Im wesentlichen werden in diesem Gesetz die Einsatzbedingungen für Entwicklungshelfer (u.a. Vertragsgestaltung zwischen Entwicklungshelfer und Entsendeorganisation, Versicherungsschutz, Reisekostenvergütung) geregelt. Überdies wird ausdrücklich betont, daß ein Einsatz im Entwicklungsdienst im öffentlichen Interesse gelegen ist (vgl. ÖED 1989: 45).

Die gesetzliche Verankerung der Freiwilligeneinsätze in der Dritten Welt (zum Zeitpunkt der Beschlußfassung 1983 waren es schon über 1000 Einsätze) ist auch als Bestätigung für die Wichtigkeit dieses Teiles der öffentlichen Entwicklungshilfe zu sehen und brachte für die Einsatzleistenden neben der verbesserten rechtlichen Absicherung auch gewisse soziale und berufliche Verbesserungen (z.B. Anrechnung der Entwicklungshilfedienstzeiten im öffentlichen Dienst).

Abschließend erscheint noch eine kurze Problematisierung des Begriffes "Entwicklungshelfer" als notwendig. Ähnlich wie die Bezeichnung "Entwicklungshilfe" wird heute auch der Begriff "Entwicklungshelfer" verstärkt kritisiert und als nicht mehr zutreffend empfunden. Da "Hilfe" und "Helfer" im landläufigen Sinne auch ein Ungleichgewicht zwischen "Geber" und "Empfänger" signalisieren und somit der Partnerschaftsgedanke, die Ideen eines gegenseitigen Erfahrungsaustausches und gemeinsamer Problemlösungskompetenz, die zumindest theoretisch die Grundsätze entwicklungspolitischer Tätigkeit bestimmen, zu kurz kommen, ist diese Kritik sicherlich verständlich und auch berechtigt. Während sich für die "Entwicklungshilfe" vielfach die Bezeichnung "Entwicklungszusammenarbeit" eingebürgert hat, ist eine einheitliche Terminologie als Alternative zum "Entwicklungshelfer" nicht gelungen. So finden zwar teilweise sicherlich zutreffendere Bezeichnungen wie "Entwicklungsarbeiter", "Experte", "Projektmitarbeiter" etc. Verwendung, wirklich befriedigend erscheinen aber diese Bezeichnungen nicht. Wichtiger als die Suche nach neuen Bezeichnungen erscheint jedoch eine Entwicklungszusammenarbeit, die diesen Namen auch tatsächlich verdient, sonst könnte der

Eindruck entstehen, daß durch neue Bezeichnungen ein altes Verständnis von "Entwicklungshilfe" verschleiert werden soll.

   Bezüglich der vorliegenden Arbeit muß angemerkt werden, daß durchgängig die zugegebenermaßen etwas veralteten Begriffe "Entwicklungshilfe" und "Entwicklungshelfer" Verwendung finden. Dies hat den pragmatischen Grund, daß diese Begriffe auch im Fragebogen verwendet wurden und aus Verständlichkeitsgründen eine begriffliche Vielfalt vermieden werden sollte. Keineswegs ist damit eine besondere Affinität zu diese Bezeichnungen oder zu den dahinterstehenden, inhaltlichen Implikationen verbunden.

4. PROBLEMSTELLUNG UND METHODIK

Wie bereits an anderer Stelle betont wurde, ist die vorliegende quantitative Rückkehreruntersuchung nicht isoliert zu sehen, sondern sie stellt ein Teilstück in einer umfassenderen Untersuchung der projektbezogenen Entwicklungshilfe Österreichs dar. Die zentrale Fragestellung der Gesamtuntersuchung - welche Konfliktfelder und Unverträglichkeitsmomente das Erreichen von Projektzielen immer wieder be- bzw. verhindern - war demzufolge auch bei der Konzeption des Fragebogens von entscheidender Bedeutung. Daraus folgt, daß im Zentrum des Fragebogens der Bereich der konkreten Projekttätigkeit steht. Die weiteren erhobenen Fragenkomplexe, wie Einsatzmotivation und -vorbereitung, entwicklungspolitische Einstellungen, biographischer Hintergrund, sind in erster Linie in ihrer Beziehung zur konkreten Einsatztätigkeit und den dort gemachten Erfahrungen von Interesse. Zusätzlich wurde noch der Bereich der Reintegration nach dem Einsatz in den Fragebogen aufgenommen. Dieser Bereich hängt zwar nicht unmittelbar mit dem Erkenntnisinteresse dieser Studie zusammen, ist jedoch - wie in vergleichbaren Untersuchungen (z.B. SCHOLTA/ZAPOTOCZKY 1978; KOVANDER 1983) und bei von uns durchgeführten Gesprächen mit Betroffenen immer wieder betont wurde - sowohl für die zurückgekehrten Entwicklungshelfer als auch für die sie entsendenden Organisationen von entscheidender Bedeutung.

Folgende Fragestellungen bilden also den Schwerpunkt der vorliegenden Arbeit:

- Wer entscheidet sich für einen Auslandseinsatz in einem Entwicklungsland? *(Demographie der Befragten)*
- Wie kommt man zu den notwendigen Informationen?
- Welche Gründe haben zu dieser Entscheidung geführt?
  (Bereich Information und Motivation)
- Welche vorbereitenden Maßnahmen wurden unternommen und wie wird die Einsatzvorbereitung durch die Entsendeorganisationen von den Betroffenen bewertet?
  (Bereich Vorbereitung und Ausbildung)
- Wie gestaltete sich die Einsatztätigkeit?
- Konnten die Projektziele erreicht werden?
- Mit welchen Schwierigkeiten waren die Befragten hauptsächlich konfrontiert?
  (Themenkomplex - Projekttätigkeit)
- Welche Probleme traten nach der Einsatzbeendigung auf?
  (Bereich Wiedereingliederung)

Die Datenerhebung wurde mittels standardisiertem Fragebogen auf postalischem Wege durchgeführt. Die Entscheidung für eine postalische Befragung

- trotz der in der einschlägigen Literatur immer wieder zu findenden kritischen Einschätzung dieses Verfahrens (vgl. z.B. ATTESLANDER 1984: 115; HOLM 1982: 187) - hat mehrere Gründe. Sie sind einerseits in der zeitlichen, finanziellen und organisatorischen Beschränktheit der zur Verfügung stehenden Ressourcen, andererseits aber auch in inhaltlichen Überlegungen zu suchen. So kann sicherlich davon ausgegangen werden, daß die Entscheidung, einen mehrjährigen Projekteinsatz durchzuführen, ein überdurchschnittliches entwicklungspolitisches Interesse und Engagement bedingt. Die Vermutung, daß diese Gruppe dann auch an einer Aufarbeitung ihrer Einsatzerfahrungen interessiert und deshalb so hoch motiviert ist, den (zugegebenermaßen langen) Fragebogen auszufüllen und zu retournieren, lag nahe. Gestützt wurde diese Überlegung auch durch die Erfahrungen der bereits zitierten Vergleichsuntersuchungen, die ebenfalls postalischer Art waren, wobei eine relativ hohe Rücklaufquote erzielt wurde (SCHOLTA/ZAPOTOCZKY: 68%; KOVANDER: 44%).

Die Untersuchung wurde als Totalerhebung durchgeführt, d.h. die Grundgesamtheit bestand aus allen Entwicklungshelfern, die zwischen 1982 und 1987 ihren Einsatz (bzw. ihren letzten Einsatz) beendeten und von einer der beiden großen österreichischen Entsendeorganisationen - Institut für Internationale Zusammenarbeit (IIZ) und Österreichischer Entwicklungsdienst (ÖED) - betreut wurden. Die dritte - zum Erhebungszeitpunkt - mit diesem Bereich befaßte österreichische Organisation, die Volkshilfe, wurde infolge der doch noch sehr jungen Tätigkeit als Entsendeorganisation für Entwicklungshelfer (seit 1984) und der damit zusammenhängenden geringen Anzahl an Rückkehrern (5) nicht in die Analyse miteinbezogen. Die Festlegung des Untersuchungszeitraumes von 1982 bis 1987 ist darin begründet, daß Kovander bei seiner Untersuchung alle Rückkehrer bis 1982 erfaßte und der gleiche Personenkreis nicht noch einmal befragt werden sollten.

Die Aussendung der Fragebögen erfolgte Anfang Dezember 1987 und wurde aus Gründen des Datenschutzes von den jeweiligen Entsendeorganisationen durchgeführt. Den Fragebögen lag - um eine möglichst hohe Motivation zur Mitarbeit zu erreichen - ein erklärendes Schreiben unsererseits und eines der jeweiligen Organisation bei. Im Jänner 1988 wurde an alle Adressaten ein Erinnerungsschreiben geschickt.

Nach Angaben der Entsendeorganisationen wurden insgesamt 307 Fragebögen verschickt (ÖED: 210; IIZ: 97). Da sich jeweils zwei Zusendungen als unzustellbar erwiesen, blieb letztendlich ein Grundgesamtheit von 303 Entwicklungshelfern.

Tabelle 2: Entwicklung der Rücklaufquote

	Fragebögen insgesamt	Rücklauf 1. Welle		Rücklauf 2. Welle		Gesamtrücklauf	
		absolut	%	absolut	%	absolut	%
ÖED	208	118	57	42	20	160	77
IIZ	95	21	22	23	24	44	46
Gesamt	303	139	46	65	21	204	67

Diese Zahlen illustrieren, daß der Optimismus bezüglich der Teilnahmemotivation durchaus berechtigt war. Von den 303 ausgesandten Fragebögen wurden 204 (oder 67%) ausgefüllt retourniert. Mehr als zwei Drittel der zurückgekehrten Entwicklungshelfer (in der Folge auch kurz als "Rückkehrer" bezeichnet) haben also an der Befragung teilgenommen. Bei den ÖED-Rückkehrern beträgt die Rücklaufquote sogar 77%, was für eine postalische Befragung einen ausgesprochen hohen Wert darstellt. Die Quote der IIZ-Rückkehrer war zwar deutlich geringer, aber auch von dieser Gruppe hat fast jeder zweite den Fragebogen zurückgeschickt.

Unter der Annahme einer unverzerrten Stichprobe (zufällige Verteilung der Verweigerungen) beträgt bei einem Signifikanzniveau von 95% der maximale Stichprobenfehler für die gesamte Stichprobe 4% (vgl. HOLM 1982: 138f.) Bei Detailauswertungen ist allerdings in Betracht zu ziehen, daß durch die geringere Antwortquote der IIZ-Rückkehrer die Aussagen bezüglich dieser Gruppe mit einem größeren statistischen Fehler behaftet sind. Dies hat zur Folge, daß die "wahren" Werte (Aussagen für alle IIZ-Rückkehrer) mit einer größeren Bandbreite um die errechneten Werte schwanken können.

Es könnte zwar eingewendet werden, daß die Ausfälle nicht nur zufälliger sondern zumindest teilweise auch systematischer Natur sind, z.B. vielleicht eher schlechte Einsatzerfahrungen, geringeres entwicklungspolitisches Interesse nach dem Einsatz oder auch Skepsis gegenüber einer standardisierten Befragung bzw. gegenüber der zugesicherten Anonymität. Da aber insgesamt mehr als zwei Drittel der Rückkehrer an der Befragung teilnahmen, kann davon ausgegangen werden, daß die Ausfälle keine wesentlichen Verzerrungen der folgenden Auswertungen bedingten und somit die Ergebnisse das Meinungsspektrum der Betroffenen insgesamt weitgehend widerspiegeln. Angemerkt seit noch, daß eine Analyse der "Verweigerer" aus Anonymitätsgründen (aufgrund des gewählten Datenerhebungsverfahrens war eine Identifizierung nicht möglich) unterbleiben mußte.

Die computerunterstützte Datenauswertung erfolgte mit dem Programmsystem "ALMO" (Holm 1993). Die verwendeten statistischen Verfahren werden im Text nur soweit erklärt, als dies zum Verständnis der Interpretationen als notwendig erscheint. Für darüber hinausgehende Informationen sei auf die einschlägige Literatur (z.B. CLAUSS/EBNER 1974; DENZ 1989; HOLM 1975, 1976, 1977) verwiesen. Bei einigen in der Folge angeführten Tabellen wurde auf ganze Prozentwerte gerundet, wobei fallweise, bedingt durch Rundungsfehler, auch Prozentsummen von 99 oder 101 auftreten können. Sofern im Text nichts anderes angegeben wird, basieren die als signifikant bezeichneten Unterschiede auf einem Signifikanzniveau von mindestens 95%.

5. SOZIALE STRUKTUR DER BEFRAGTEN

Die **Geschlechterverteilung** der Befragten zeigt eine annähernde Gleichverteilung von 47% Frauen zu 53% Männern (n=199). Führt man jedoch eine Trennung der Entwicklungshelfer bezüglich ihrer Entsendeorganisation in zwei Gruppen durch, so werden doch deutliche Unterschiede sichtbar.

Tabelle 3: Geschlechterverteilung nach Entsendeorganisationen (in Prozent)

	Frauen	Männer	
ÖED (n=156)	49%	51%	100%
IIZ (n=43)	40%	60%	100%
Gesamt (n=199)	47%	53%	100%

Die gezeigte Verteilung korrespondiert auch in etwa mit beiden bereits angeführten Untersuchungen, deren Ergebnisse in weiterer Folge immer wieder zu Vergleichszwecken herangezogen werden. In einer Untersuchung von ÖED-Rückkehrern betrug die Verteilung 53.5% Männern zu 46.5% Frauen (SCHOLTA/ZAPOTOCZKY 1978: 10). Bei Kovander zeigte sich in seiner Rückkehreruntersuchung, die wie die vorliegende Arbeit beide Entsendeorganisationen umfaßte, ein Verhältnis von 58 % Männern zu 42 % Frauen, wobei ebenfalls große Unterschiede zwischen den Organisationen festgestellt wurden - ÖED 53% zu 47% und IIZ 73% zu 27% (KOVANDER 1983: 3). Vergleicht man die Geschlechterverteilung unserer Befragung mit den offiziellen Werten der beiden Entsendeorganisationen, so zeigt sich eine weitgehende Übereinstimmung (ÖED-Jahresbericht 1987; IIZ-Jahresbericht 1988), wobei sich die dort ausgewiesenen Zahlen allerdings auf aktive Entwicklungshelfer und nicht auf Rückkehrer beziehen.

Das durchschnittliche **Alter** der Befragten beträgt 33 Jahre, wobei eine erhebliche Altersstreuung von 24 bis 50 Jahren vorliegt. Führen wir auch hier wieder die Entsendeorganisation als zusätzliche Variable ein, so ergibt sich ein differenzierteres Bild. Das Durchschnittsalter der ÖED-Rückkehrer beträgt 32 Jahre im Vergleich zu 37 Jahren bei den IIZ-Rückkehrern.

Bei Einsatzbeginn lag das Durchschnittsalter bei 26 Jahren, mit einer Streuung von 20 bis 41, wobei sich jedoch 60% der Befragten zum Zeitpunkt der Ausreise in der Altersgruppe zwischen 21 und 26 Jahren befanden. Den auch hier beträchtlichen Altersunterschied zwischen den Befragten der beiden Organisationen illustriert die folgende Abbildung.

Abbildung 3: Alter bei Einsatzbeginn nach Organisationen (in Prozent)

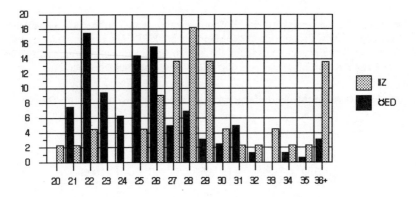

Hier zeigt sich deutlich, daß das Ausreisealter bei den IIZ-Rückkehrern höher liegt, durchschnittlich bei 29 Jahren (ÖED 26 Jahre). In der Altersgruppe der 21 bis 26jährigen sind 70% der ausreisenden ÖED-Entwicklungshelfer aber nur 33% der IIZ-Entwicklungshelfer zu finden. Das am häufigsten genannte Ausreisealter liegt bei 22 Jahren (ÖED) und bei 28 Jahren (IIZ). Keine signifikanten Unterschiede bezüglich des Alters bei Einsatzbeginn konnten zwischen männlichen und weiblichen Befragten festgestellt werden. Auch diese Ergebnisse entsprechen weitgehend denen der beiden genannten Vergleichsstudien.

Bei der Frage nach dem **Familienstand** vor dem Einsatz bzw. nach dem derzeitigen Familienstand zeigte sich folgende Verteilung:

Tabelle 4: Familienstand vor Einsatzbeginn und derzeit (in Prozent)

	vor Einsatz (n=200)	derzeit (n=200)
ledig	63.0	34.5
in Lebensgemeinschaft	5.0	7.0
verheiratet	31.5	56.5
geschieden	0.5	2.0
	100%	100%

Männer und Frauen unterscheiden sich bezüglich des Familienstandes nicht statistisch signifikant voneinander. Trennt man jedoch die Befragten nach ihrer jeweiligen Entsendeorganisation, so werden auch bezüglich des Familienstandes deutliche Unterschiede sichtbar.

Tabelle 5: Familienstand vor Einsatzbeginn nach Organisationen (in Prozent)

	IIZ (n=42)	ÖED (n=157)	Gesamt (n=199)
ledig	33.3	71.3	63.3
in Lebensgemeinschaft	11.9	3.2	5.0
verheiratet	54.8	25.5	31.7
	100%	100%	100%

Hier ist ein ins Auge springender Zusammenhang zwischen der Entsendeorganisation und dem Familienstand vor dem Einsatz zu erkennen, der auch statisch hoch signifikant (99.9%) ist. Während beim IIZ nur 33% der Befragten vor ihrem Einsatz *ledig* waren, ist der Anteil der ÖED-Entwicklungshelfer in dieser Kategorie mehr als doppelt so groß (71%). In der Kategorie *verheiratet* kehrt sich dieses Verhältnis um - ca. 55% beim IIZ und nur 25% beim ÖED.

Betrachtet man weiters die beiden Vergleichsuntersuchungen, so lassen sich einerseits gewisse Trends und andererseits bemerkenswerte Übereinstimmungen konstatieren. Bei der Studie von SCHOLTA/ZAPOTOCZKY (1978: 10) waren noch 85% der ausreisenden Entwicklungshelfer ledig, KOVANDER (1983: 11) erhob eine Ledigenrate von 78% beim ÖED und die vorliegenden Daten zeigen einen Anteil von 71% Ledigen bei den ÖED-Entwicklungshelfern. Bei den IIZ-Entwicklungshelfern stellte KOVANDER einen Anteil von 50% fest und in der vorliegenden Untersuchung beträgt dieser 33%. So kann generell von einem Trend in Richtung eines verstärkten Einsatzes von verheirateten Entwicklungshelfern gesprochen werden, da der Anteil der ledigen Entwicklungshelfer bei beiden Entsendeorganisationen kontinuierlich abnimmt. Für diese These spricht auch, daß sich eine Verschiebung in Richtung "verheiratet" feststellen läßt, wenn man das Jahr der Rückkehr in die Analyse mit einbezieht. So nahm von 1982 bis 1987 der Ledigen-Anteil von 72% auf 60% ab und im gleichen Zeitraum der Anteil der Verheirateten von 26% auf 37% zu.

Übereinstimmend zur Untersuchung von KOVANDER wurde auch bei dieser Befragung - wie aus obiger Tabelle ersichtlich ist - ein deutlicher Unterschied zwischen den beiden Organisationen in dieser Frage festgestellt. Ein Grund für den deutlich höheren Verheirateten-Anteil beim IIZ dürfte einerseits sicherlich im höheren durchschnittlichen Ausreisealter liegen. Andererseits wäre aber auch zu überprüfen, wie hoch die Bedeutung des Familienstandes bei der Selektion der Entwicklungshelfer und bei der Personalplanung für die Einsatzprojekte ist, d.h. ob und in welchem Ausmaß der Einsatz von Entwicklungshelfer-Ehepaaren bewußt gefördert wird. In diesem Punkt dürften sich die beiden Entsendeorganisationen doch etwas unterscheiden.

Das **Bildungsniveau** der befragten Entwicklungshelfer liegt deutlich über dem österreichischen Durchschnitt und kann somit generell als hoch angesehen werden. Folgende Abbildung zeigt, wie sich die Befragten - getrennt nach ihrer jeweiligen Entsendeorganisation - auf die einzelnen Bildungskategorien verteilen.

Abbildung 4: Bildungsniveau der Befragten (Angaben in Prozent)

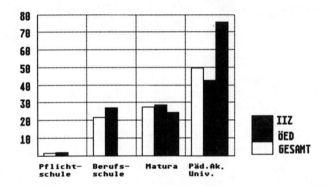

Wie bereits an anderer Stelle ausgeführt wurde, konzentriert sich das IIZ bei Personaleinsätzen auf die Entsendung von akademischen Fachkräften, während sich die Einsatzpolitik des ÖED überwiegend auf nicht-akademisches Fachpersonal stützt. Diese "Arbeitsteilung", wenn man sie so bezeichnen möchte, spiegelt sich klarerweise auch in der gezeigten Verteilung wider. So sind in den Kategorien Pflichtschule (Volks- und Hauptschule) und Berufsschule (einschl. Meisterprüfung) keine ehemaligen IIZ-Entwicklungshelfer zu finden. Der Anteil der ÖED-Rückkehrer in diesen beiden Gruppen beträgt 2% bzw. 27%. Über 70% der befragten IIZ-Rückkehrer weisen eine abgeschlossene Universitätsausbildung und fast 5% einen Abschluß einer Pädagogischen Akademie, Sozialakademie u.ä. auf. Die vergleichbaren ÖED Prozentsätze betragen 17% bzw. 26%. Das durchschnittlich höhere Ausbildungsniveau der IIZ-Rückkehrer ist sicherlich ein Grund für das zuvor gezeigte höhere Ausreisealter der Befragten dieser Organisation.

Neben dem Ausbildungsniveau wurde auch noch die **Berufstätigkeit** vor dem Entwicklungshilfeeinsatz erhoben. Es ist natürlich eine Binsenweisheit, daß die Berufstätigkeit in engem Zusammenhang mit der absolvierten Ausbildung zu sehen ist. Trotzdem sind beide Variablen von großer Bedeutung für die Auswahl, Planung und für die personelle Beschickung von Entwicklungsprojekten. Untenstehende Tabelle zeigt die Verteilung auf die einzelnen Berufskategorien.

Tabelle 6: Berufstätigkeit vor dem Einsatz (in Prozent)

	IIZ (n=43)	ÖED (n=159)	gesamt (n=202)
angelernter Arbeiter	-	1.9	1.5
Facharbeiter	7.0	13.2	12.0
einfacher Angestellter	-	2.5	2.0
qualifizierter Angestellter	14.0	18.9	17.8
kleiner Selbständiger	2.3	1.9	2.0
Landwirt	2.3	3.8	3.5
Sozial-/Gesundheitsbereich	11.6	25.8	22.8
Lehrer	16.3	18.2	17.8
Arzt	20.9	0.6	4.9
Akademiker/Freiberufler	11.6	2.5	4.4
in Ausbildung	9.3	3.8	4.9
Hausfrau	-	2.5	2.0
sonstige	4.7	4.4	4.4
	100%	100%	100%

Vor dem Hintergrund des bisher Gesagten stellt die sehr unterschiedliche Berufsverteilung der Befragten der beiden Organisationen keine Überraschung dar. Die Personalpolitik des IIZ beruht in erster Linie auf den Einsatz hochqualifizierter Experten (siehe z.B. den hohen Prozentsatz der Ärzte), die des ÖED vor allem auf den Einsatz von Facharbeitern, Lehrern, Sozialarbeitern und Krankenschwestern. Diese Ergebnisse entsprechen auch weitgehend denen der beiden Vergleichsstudien, wobei generell ein Trend zu einem höheren Ausbildungsniveau und damit zusammenhängend zu einer höher qualifizierten Berufstätigkeit festzustellen ist.

Beträchtliche Unterschiede in der Berufsverteilung zeigen sich zwischen männlichen und weiblichen Befragten, wobei sich hier die traditionellen geschlechtsspezifischen Berufsmuster der Gesellschaft widerspiegeln. So ist bei den Männern eine größere Streuung über die Berufskategorien feststellbar, wobei die meisten Nennungen in den Kategorien "Facharbeiter" (21%), "qualifizierter Angestellter" und "Lehrer" (mit je 18%) zu finden sind. Von den befragten Frauen waren 43% vor dem Einsatz im Sozial- bzw. im Gesundheitsbereich beschäftigt, hingegen nur 1% als Facharbeiterinnen. Im Lehrberuf und im Bereich der qualifizierten Angestellten waren mit 17% bzw. 18% anteilsmäßig ebensoviele Frauen wie Männer tätig.

Kein signifikanter Zusammenhang zeigte sich zwischen der Entsendeorganisation bzw. Geschlecht und der Dauer der Berufstätigkeit vor dem Einsatz. Die durchschnittliche Dauer betrug etwas mehr als 6 Jahre, wobei sich große individuelle Unterschiede zeigten (Standardabweichung 4.8). 22% waren 1-2 Jahre, 28% 3-4 Jahre, 15% 5-6 Jahre, 11% 7-8 Jahre, 8% 9-10 Jahre und 16% mehr als 10 Jahre vor dem Einsatz berufstätig.

Als Indikatoren für die **soziale Herkunft** der Befragten wurden sowohl der Bildungsgrad als auch der ausgeübte Beruf beider Elternteile erhoben. Im Vergleich der beiden Generationen zeigt sich dabei ein starker bildungsmäßiger Aufstieg der Befragten, wobei sich die schon dargestellten Unterschiede zwischen dem Ausbildungsgrad der Entwicklungshelfer beider Organisationen auch in etwa in der Elterngeneration widerspiegeln.

Besonders bemerkenswert ist in diesem Zusammenhang, daß ein auffallend großer Anteil der Eltern in der Landwirtschaft tätig sind. Fast 32% der Väter der Befragten sind in diesem Bereich beschäftigt. Vor allem bei den Vätern der ehemaligen ÖED-Entwicklungshelfern ist dieser Anteil mit fast 37% besonders hoch und ist damit die bei weitem am häufigsten genannte Berufstätigkeit. Aber auch 14% der IIZ-Befragten gaben an, daß ihr Vater in der Landwirtschaft beschäftigt ist, was ebenfalls noch weit über dem Bundesdurchschnitt (ca. 5%) liegt. Dieser sehr hohe Prozentsatz von Entwicklungshelfern aus dem landwirtschaftlichen Milieu zeigte sich bereits bei der Rückkehreruntersuchung von 1978, wo 42% der Väter der ÖED-Rückkehrer in diesem Bereich tätig waren (SCHOLTA/ZAPOTOCZKY 1978: 11).

Um der Frage nachzugehen, ob sich die Entwicklungshelfer eher aus dem ländlichen oder aus dem städischen Raum rekrutieren, wurde auch die **Gemeindegröße** des Wohnortes bis zum Berufseintritt erhoben. Vorwegnehmend kann gesagt werden, daß mehr als die Hälfte der Befragten aus Landgemeinden oder aus Kleinstädten stammt, was klarerweise vor dem Hintergrund der gezeigten sozialen Herkunft keine Überraschung darstellt. Die vollständige Antwortverteilung zeigt - getrennt nach den beiden Organisationen - die folgende Tabelle.

Tabelle 7: Gemeindegröße nach Organisationen (in Prozent)

	IIZ (n=44)	ÖED (n=156)	gesamt (n=200)
bis 1.000 Einw.	6.8	21.2	18.0
bis 5.000 Einw.	13.6	41.7	35.5
bis 10.000 Einw.	9.1	12.8	12.0
bis 30.000 Einw.	9.1	7.0	7.5
bis 100.000 Einw.	6.9	4.5	5.0
mehr als 100.000	54.5	12.8	22.0
	100%	100%	100%

Während also mehr als die Hälfte der befragten IIZ-Rückkehrer aus Großstädten stammen, zeigt sich beim ÖED ein fast spiegelverkehrtes Bild, hier kommen mehr als 60% aus Orten mit weniger als 5.000 Einwohnern. Ein Grund dafür ist sicherlich in der unterschiedlichen Bildungs- und Berufsstruktur der Befragten der beiden Organisationen zu suchen. Daneben spielen aber auch Faktoren eine Rolle, die direkt mit der Gründung, dem innerorganisatorischen Aufbau und den unterschiedlichen Werbestrategien der Entsendeorganisationen zu tun haben.

6. EINSATZMOTIVATION

Als einer der zentralen, aber auch am schwierigsten zu erfassenden Bereiche ist der Bereich der Motivation anzusehen. Zentral sicherlich deshalb, da die konkrete Projektarbeit der Entwicklungshelfer, der entwicklungspolitische Anspruch, aber auch die allgemeine Einschätzung von Entwicklungshilfe in hohem Maße von den Beweggründen, sich für einen Entwicklungshilfeeinsatz zu entscheiden, abhängig sind.

Die Schwierigkeiten, derartige Dimensionen durch eine schriftliche ex post Befragung erfassen zu können, liegen in verschiedenen Ursachen begründet. Ein Punkt, auf den auch in der Literatur immer wieder hingewiesen wird (vgl. z.B. HECKMANN 1977: 88), ist sicherlich, daß es nicht unproblematisch ist, Entwicklungshelfer nach dem Einsatzende über ihre Ausreisemotive zu befragen. So liegt es auf der Hand, daß Personen, deren Einsatzbeginn zum Zeitpunkt der Befragung im Extremfall schon fast 10 Jahre zurückliegt, Fragen bezüglich ihrer Einsatzmotivation nur schwer beantworten können. Einerseits ist sicherlich eine Antwortverzerrung durch "Sich-nicht-mehr-so-genau-Erinnern" möglich. Andererseits spielen auch Faktoren, wie Erfahrungen während des Einsatzes, nachträgliche Beurteilung der eigenen Tätigkeit und auch die Überlagerung der ursprünglichen Motive durch die gegenwärtige Motivlage eine nicht zu vernachlässigende Rolle.

Ein weiterer Problembereich liegt darin begründet, daß bei der Erhebung derartig komplexer Phänomene, wie es die Erfassung von Motivstrukturen zweifellos darstellt, das Instrument des standardisierten Fragenbogens an seine Grenzen stößt. So besteht bei den Antworten die Tendenz, diese etwas in Richtung sozial erwünschter bzw. erwarteter Einstellungen zu verschieben, das heißt im konkreten Fall, daß möglicherweise entscheidende Motive, die aber gesellschaftlich als nicht opportun gelten (z.B. persönlichkeitsorientierte Gründe wie Flucht oder Abenteuerlust) gegenüber anderen, höher angesehe-neren, (z.B. altruistische Motive) abgeschwächt dargestellt werden. Durch viele Einzelgespräche mit ehemaligen aber auch mit aktiven Entwicklungshel-fern, die ebenfalls im Rahmen dieses Forschungsprojektes geführt wurden und auch durch andere Untersuchungen (z.B. DÜNKI: 1987) sehen wir uns in dieser Vermutung bestätigt.

Warum dennoch dem Bereich der Motivation für einen Entwicklungs-hilfeeinsatz so breiter Raum eingeräumt wurde, hat mehrere Gründe. Hauptgrund ist sicherlich, daß die Motivstruktur, wie bereits ausgeführt, von entscheidender Bedeutung für die Einsatztätigkeit ist. Da die Analyse der konkreten Projektarbeit das Kernstück der Gesamtuntersuchung darstellt, erscheint ein Verzicht auf diesen Themenkomplex im Rahmen der quantitativen Rückkehreruntersuchung als nicht sinnvoll, da damit ein entscheidender Informationsverlust verbunden wäre. Es fanden zwei Fragebatterien Verwendung - eine zur Erhebung allgemeiner Begründungen für einen

Entwicklungshilfeeinsatz und eine für die persönlich relevanten Motive. Durch diese Trennung wurde der Versuch unternommen, dem beschriebenen Phänomen der sozialen Wünschbarkeit entgegenzuwirken. Die beiden Fragebatterien wurden weitgehend aus vergleichbaren Untersuchungen übernommen (vgl. HECKMANN 1977 und SCHOLTA/ZAPOTOCZKY 1978), um einerseits eine Vergleichbarkeit der Ergebnisse zu ermöglichen und andererseits aus Gründen der Gültigkeit der ausgewählten Items. So erscheint es sowohl inhaltlich als auch auch methodisch legitim, eine quantitative Auswertung dieser Thematik vorzunehmen. Bevor wir uns aber der Analyse der Einsatzmotive zuwenden, soll aufgrund des engen thematischen Zusammenhangs kurz auf den Bereich des Zuganges zu relevanten Informationen über Entwicklungshilfe eingegangen werden.

29% der Befragten gaben an, bereits vor dem Entwicklungshilfeeinsatz entwicklungspolitisch tätig gewesen zu sein (z.B. in Dritte-Welt-Gruppen, bei kirchlichen Organisationen), wobei sich zwischen männlichen und weiblichen Befragten keine signifikanten Unterschiede zeigten. Besonders häufig sind solche Aktivitäten bei Universitätsabsolventen zu finden (47%).

Auf die Frage: *"Wodurch wurde Ihr Interesse für die Entwicklungshilfe geweckt?"* zeigte sich folgende Antwortverteilung (Mehrfachantworten möglich):

- Kontakte zu (ehemaligen) Entwicklungshelfern   44% (90 Nennungen)
- Informationen der Entsendeorganisationen   36% (74)
- Kirche, kirchliche Organisationen   34% (69)
- Zeitungen, Radio, Fernsehen   29% (59)
- Vorträge, Diskussionsabende   28% (58)
- Kontakte zu Dritte-Welt-Gruppen   17% (35)
- Schule   14% (29)
- sonstiges   29% (60)

Die wichtige Rolle, die aktive oder ehemalige Entwicklungshelfer für Interessenten und damit auch für die Rekrutierung weiterer Entwicklungshelfer spielen, wird durch diese Zahlen sehr deutlich illustriert. Da aber auch die in der Kategorie *sonstige Nennungen* zusammengefaßten Antworten einen nicht unbeträchtlichen Anteil betragen, sollen diese kurz angeführt werden. 14 Nennungen bezogen sich auf Reisen in Länder der Dritten Welt, mehrfach genannt wurden noch: Bücher und Zeitschriften, politisches Interesse, Interesse an Befreiungsbewegungen, Familie und Freundeskreis, Eigeninteresse und -motivation. Bemerkenswert ist vielleicht noch, daß nur sehr wenige Nennungen politische Partei- oder Gewerkschaftsorganisationen betrafen, sodaß gesagt werden kann, daß diese Organisationen - zumindest bezüglich der Bereiche Information und Motivation - für die personelle Entwicklungshilfe von eher untergeordneter Bedeutung sind.

Da aber nicht davon ausgegangen werden kann, daß alle oben angeführten Antwortvorgaben im gleichen Ausmaß für die Entscheidung, einen Entwicklungshilfeeinsatz durchzuführen, relevant waren, konnten die Befragten (mit Mehrfachantworten) anführen, welche Informationsquelle für sie die wichtigste war. Die fünf häufigsten Nennungen waren (n=151):

- Kontakte zu (ehemaligen) Entwicklungshelfern   29%
- Informationen der Entsendeorganisationen   13%
- Zeitungen, Radio, Fernsehen   10%
- Vorträge, Diskussionsabende   10%
- Kirche, kirchliche Organisationen   9%

Diese Verteilung unterscheidet sich zwar nicht wesentlich von der zuvor gezeigten, der große Abstand zwischen wichtigster und zweitwichtigster Informationsquelle unterstreicht aber die angeführte Rolle der Entwicklungshelfer in diesem Bereich augenfällig. Die in der Restkategorie *"sonstiges"* zusammengefaßten Antworten weisen auch hier mit 22% einen sehr hohen Anteil auf, was auf die große Bedeutung der angeführten Nennungen hinweist. Diese Kategorie wurde besonders häufig von Universitätsabsolventen (41%) gewählt. Mit 33% haben vor allem die befragten ÖED-Rückkehrer *Entwicklungshelfer* als Informationsquelle genannt, der Vergleichsprozentsatz der IIZ-Rückkehrer liegt bei 11%. *Informationen der Entsendeorganisationen* waren für die Befragten beider Organisationen von annähernd gleich großer Bedeutung. Die *Kirche* bzw. *kirchliche Organisationen* waren vor dem Einsatz eher für ÖED-Rückkehrer und eher für Befragte aus kleineren Gemeinden als Informationsquelle relevant. Sowohl bei *Vorträgen* als auch bei den *Medien* zeigten sich keine Unterschiede hinsichtlich der Entsendeorganisation.

6.1. Allgemeine Motive

Hier wurde die Frage gestellt, für wie wichtig die angeführten **allgemeinen** Begründungen für einen Entwicklungshilfeeinsatz eingeschätzt werden. Die Auswertung ergab folgende Prozentverteilung der Antworten auf die einzelnen Statements, wobei diese nach ihrem Mittelwert gereiht wurden. (*sehr wichtig* = 5 bis *nicht wichtig* = 1)

Tabelle 8: Allgemeine Motivation (zeilenweise prozentuiert)

	sehr wichtig	wichtig	auch wichtig	kaum wichtig	nicht wichtig	x̄
für soziale Gerechtigkeit einstehen	50.0	35.8	12.2	1.5	0.5	4.33
andere Lebensgewohnheiten u.Ansichten kennenlernen	42.9	36.9	17.7	2.5	0	4.20
sozial Notleidenden helfen	17.3	36.1	39.1	5.0	2.5	3.60
ein anderes Land kennenlernen	20.1	26.5	40.7	5.9	6.8	3.57
sich in fremden Verhältnissen bewähren	14.4	18.8	38.6	19.3	8.9	3.10
sich selbst verwirklichen	10.5	26.5	34.0	19.0	10.0	3.09
ein christliches Beispiel geben	12.8	24.1	26.6	13.3	23.2	2.90
Angenehmes mit Nützlichem verbinden	7.6	17.7	36.8	17.7	20.2	2.75
vom Alltag in der Heimat wegkommen	1.0	8.5	26.9	27.8	35.8	2.11
beruflich weiterkommen	3.5	8.5	15.9	32.8	39.3	2.04
drohender Arbeitslosigkeit entgehen	1.5	1.0	8.4	24.6	64.5	1.50
persönliche Probleme vergessen	0	0.5	8.0	16.1	75.4	1.33

Diese Reihung der Einzelaussagen nach ihrer Bedeutung zeigt schon auf den ersten Blick gewisse Trends auf. So wurde vor allem die Statements, die sich auf allgemein sehr postiv besetzte Werte beziehen (wie *soziale Gerechtigkeit, Neues kennenlernen, Helfen usw.*), als besonders wichtig eingeschätzt. Im Gegensatz dazu stehen die Aussagen, die sich auf "eigennützigere", d.h. auf weniger idealistische Motive beziehen (*Flucht, Beruf usw.*), denen eine weitaus geringere Bedeutung zuerkannt wird. Interessanterweise spielt auch die Angst vor Arbeitslosigkeit als mögliches Motiv eine weitaus geringere Rolle als angenommen. Dieses Statement wurde auf Anregung der Entsendeorganisationen in den Fragebogen aufgenommen, da von diesen eine zunehmende Bedeutung dieses Faktors in der gegenwärtig angespannten Situation auf dem Arbeitsmarkt vermutet wurde.

Vergleicht man nun diese Ergebnisse mit denen der Rückkehreruntersuchung von ZAPOTOCZKY/SCHOLTA aus dem Jahre 1978, so zeigen sich auffallende Übereinstimmungen. Mit Ausnahme des zusätzlich aufgenommenen Statements (*drohender Arbeitslosigkeit entgehen*), fand die gleiche Fragebatterie auch bei der vorliegenden Untersuchung Verwendung. Die in der vergleichbaren Studie vorgenommene Reihung der Aussagen nach dem Mittelwert hat zu einem fast identen Ergebnis geführt. Nur bei einigen Statements ergaben sich gewisse Verschiebungen. So ist der Aussage *"ein christliches Beispiel geben"*, im Vergleich zur damaligen Untersuchung, in der es noch an dritter Stelle gereiht war, eine etwas geringere Bedeutung zugemessen worden. Gegenläufige Trends lassen sich bei den Statements *"andere Lebensgewohnheiten und Ansichten kennenlernen"* und *"sich unter fremden Verhältnissen bewähren"* feststellen, die bei der erwähnten Studie noch an vierter bzw. achter Stelle gereiht waren. Im großen und ganzen überwiegen aber die Übereinstimmungen, vor allem bei Betrachtung der erst- und letztgenannten Statements, bei denen sogar die Prozentverteilung auf die einzelnen Antwortmöglichkeiten fast ident sind.

Versucht man nun diese Ergebnisse über das bereits Gesagte hinaus zu interpretieren, so drängt sich die Vermutung auf, daß in die Antworten neben der erfragten Dimension der allgemeinen Motivation noch zusätzliche Aspekte (wie Selbstbild und vermutetes Fremdbild des Entwicklungshelfers bzw. der -hilfe) Eingang gefunden haben. Dieses, auch von den Organisationen in ihrer Öffentlichkeitsarbeit verwendete Bild des Entwicklungshelfers, das ein ganz bestimmtes Eigenschaftsprofil aufweist, deckt sich in vielen Bereichen mit diesen Ergebnissen. Etwa in dieser Richtung wurde auch in der Vergleichsuntersuchung argumentiert. *"Das Zurückstellen individueller Motivationen könnte auch bedeuten, daß für die Entwicklungshelfer der Wunsch, sich in den Dienst einer guten Sache zu stellen bzw. gestellt zu haben, dominant ist und andere Sichtweisen deshalb (unbewußt oder bewußt) verdrängt werden."* (SCHOLTA/ZAPOTOCZKY 1978: 15).

Da sich die Rückkehrer der beiden untersuchten Organisationen, wie im Abschnitt über die soziale Struktur gezeigt wurde, sich in einer Reihe von demographischen Variablen deutlich unterscheiden, lag die Vermutung nahe, daß sich auch die Gewichtung der einzelnen Motivstatements je nach Entsendeorganisation differenziert darstellen wird. Durch Tabellierungen bzw. durch den Vergleich der Ridits[1] traten bei einigen Statements deutliche Unterschiede zwischen den Rückkehren zutage.

IIZ-Rückkehrer maßen folgenden Statements eine signifikant höhere Bedeutung bei:

- *eine anderes Land kennenlernen* (Signifikanz der Riditdifferenzen 99,9%)
- *persönliche Probleme vergessen* (97,8%)
- *sich selbst verwirklichen* (99,9%)
- *beruflich weiterkommen* (99,9%)

Rückkehrer des ÖED bewerteten folgende Statements als signifikant höher:

- *sozial Notleidenden helfen* (99,9%)
- *für soziale Gerechtigkeit einstehen* (99,9%)
- *ein christliches Beispiel geben* (100%)

---

[1] Dieses Verfahren dient dazu, signifikante Unterschiede zwischen Subgruppen hinsichtlich der Verteilung einer abhängigen Variable (ordinales Meßniveau) zu ermitteln, wobei eine Subgruppe als Bezugsgruppe definiert und die restlichen Gruppen mit dieser verglichen werden (RIDIT = relative to an identified distribution"). Vgl. dazu HOLM 1993: 258ff.

Da sich die beiden Gruppen bei dem zuletzt genannten Statement am deutlichsten voneinander unterscheiden, soll diese Tabelle zur Illustration vollständig gezeigt werden, wobei die Kategorien *sehr wichtig* und *wichtig*, sowie *kaum wichtig* und *nicht wichtig* in jeweils eine zusammengefaßt wurden.

Tabelle 9: Prozentverteilung des Statements *"ein christliches Beispiel geben"* nach Entsendeorganisationen (in Prozent)

	nicht wichtig	auch wichtig	wichtig	Gesamt
IIZ	61.4	25.0	13.6	100%
ÖED	29.6	27.0	43.4	100%
Gesamt	36.5	26.6	36.9	100%

Als allgemeine Begründung für einen Entwicklungshilfeeinsatz halten mehr als 61% der IIZ-Rückkehrer, aber nur knapp 30% der ehemaligen ÖED-Entwicklungshelfer diese Aussage für *kaum wichtig* bzw. für *nicht wichtig*. Logischerweise kehrt sich dieses Verhältnis am anderen Ende der Skala um, über 43% der befragten ÖED-Rückkehrer, aber nur knapp 14% der IIZ-Rückkehrer schätzen dieses Motiv als *wichtig* bzw. als *sehr wichtig* ein.

Es wurden auch noch Tabellierungen nach Geschlecht und Einsatzabbruch durchgeführt, wobei aber kaum signifikante Unterschiede auftraten. Geschlechtsspezifische Unterschiede zeigten sich nur beim christlichen Engagement, das bei Frauen als Einsatzmotiv wichtiger zu sein scheint (44% wichtig bzw. sehr wichtig aber nur 31% der Männer) und beim Statement *beruflich weiterkommen*, das wiederum eher von den Männern für wichtig gehalten wird (15% wichtig bzw. sehr wichtig - Frauen: 8%).

6.2. Persönliche Motive

Neben der im letzten Abschnitt beschriebenen Fragebatterie zur allgemeinen Motivation wurde im Fragebogen noch eine zweite, aus 19 Items bestehende Fragebatterie verwendet, um die **persönlichen** Gründe, sich für einen Entwicklungshelfereinsatz zu verpflichten, zu erheben. Auch bei dieser wurden die Statements zu Zwecken der Vergleichbarkeit aus anderen Untersuchungen übernommen (SCHOLTA/ZAPOTOCZKY 1978: 17; HECKMANN 1977: 65).

Folgende Tabelle zeigt die Prozentverteilung der Antworten auf die einzelnen Statements, wobei auch hier die Aussagen nach dem Mittelwert, d.h. nach ihrer Wichtigkeit gereiht wurden.

Tabelle 10: Persönliche Motivation (zeilenweise prozentuiert; *sehr wichtig* = 4 .... *nicht wichtig* = 1)

	sehr wichtig	*wichtig*	*weniger wichtig*	*nicht wichtig*	$\bar{x}$
Menschen mit anderen Lebensgewohnheiten und Ansichten kennenlernen	52.4	40.7	6.9	0	3.46
Erfahrungen in der Begegnung mit einer fremden Kultur und Gesellschaft gewinnen	52.5	41.6	4.9	1.0	3.46
solidarisch mit den Menschen in der Dritten Welt leben	45.1	41.7	12.2	1.0	3.30
Interesse an der politisch-gesellschaftlichen Situation in Entwicklungsländern	37.7	41.7	18.1	2.5	3.14
um etwas zu tun, dessen Sinn ich besser erkennen kann	33.7	38.6	20.8	6.9	2.99
den Menschen helfen	23.2	47.8	24.6	4.4	2.89
um in meiner Persönlichkeitsentwicklung zu profitieren	11.3	47.8	26.1	14.8	2.55
Freude am Reisen	10.3	33.8	38.2	17.7	2.36
Selbstfindung in neuer Umwelt	8.9	37.4	30.0	23.7	2.31
mehr Abwechslung im Beruf	8.9	38.4	27.6	25.1	2.31
ein christliches Beispiel geben	11.7	25.5	30.9	31.9	2.17
weil ich im Entwicklungsland mehr gebraucht werde als in Österreich	8.3	31.4	27.0	33.3	2.14
Unzufriedenheit mit der eigenen Gesellschaft	6.9	22.8	39.1	31.2	2.05
um für meinen Beruf etwas zu lernen	7.4	23.0	34.8	34.8	2.03
testen, ob ich mich selbständig im Ausland zurechtfinden kann	4.9	18.1	37.8	39.2	1.88
zeigen, was man unter harten Bedingungen leisten kann	1.0	15.2	29.1	54.7	1.62
mehr Unabhängigkeit vom Elternhaus	2.9	6.9	19.6	70.6	1.42
um Schwierigkeiten in persönlichen Beziehungen zu überwinden	1.5	1.9	15.2	81.4	1.23
um später beruflich vorwärts zu kommen	0	1.0	17.1	81.9	1.19

Bei einem Vergleich der Ergebnisse beider Fragebatterien wird deutlich, daß diese sehr ähnlich gelagert sind. Auch bei den persönlichen Motiven zeigt sich, daß die Aussagen, die eher idealistischer Natur sind, sehr viel höher bewertet werden als jene, die eher konkreter bzw. persönlichkeitsorientierter Art sind. Dieses Resultat deckt sich wiederum weitgehend mit den Ergebnissen der Vergleichsuntersuchung aus dem Jahre 1978. Veränderungen sind nur bei den vorderen Rangplätzen und nur insofern zu konstatieren, daß humanistische bzw. christliche Motive in der vorliegenden Untersuchung etwas an Bedeutung verloren haben. So liegen die Statements *"den Menschen helfen"* und *"ein christliches Beispiel geben"*, die sich auf den Plätzen sechs und elf befinden, bei der Vergleichsuntersuchung noch auf den Plätzen eins und fünf. Hingegen hat das Statement *"Interesse an politisch-gesellschaftlicher Situation"* an Bedeutung gewonnen (Rangplatz vier im Vergleich zu acht). (SCHOLTA/ZAPOTOCZKY 1978: 17)

Auch bei dieser Fragebatterie wurde durch die Berechung von Ridits eine Differenzierung zwischen den ehemaligen Entwicklungshelfern des ÖED und denen des IIZ vorgenommen, um die unterschiedlichen Gewichtungen der einzelnen Motivstatements aufzuzeigen.

Bei folgenden Statements wiesen die ÖED-Rückkehrer signifikant höhere (d.h. über 99%) Werte auf:

- *ein christliches Beispiel geben*
- *um in meiner Persönlichkeitsentwicklung zu profitieren*
- *solidarisch mit den Menschen in der Dritten Welt leben*
- *mehr Unabhängigkeit vom Elternhaus*

Die IIZ-Rückkehrer unterschieden sich bei folgenden Statements signifikant von der Gruppe der ÖED-Rückkehrer hinsichtlich der Wichtigkeit:

- *um für meinen Beruf etwas zu lernen*
- *Interesse an der politisch-gesellschaftlichen Situation in Entwicklungsländern*
- *Freude am Reisen*
- *mehr Abwechslung im Beruf*
- *um später beruflich vorwärts zu kommen*

Es soll an dieser Stelle darauf hingewiesen werden, daß bei dieser Gegenüberstellung die ursprüngliche Prozentverteilung der Statements nicht aus den Augen verloren werden darf. Es dürfte beispielsweise nicht in der Richtung interpretiert werden, daß das Statement *... beruflich vorwärts ...* für die IIZ-Rückkehrer besonders wichtig und für jene des ÖED unwichtig sei, da aus der Ursprungstabelle ersichtlich ist, daß die Ablehnung dieser Aussage generell sehr hoch war (82% nicht wichtig, 17% weniger wichtig).

Neben der *"Entsendeorganisation"* wurden die einzelnen Motivstatements auch mit dem *"Geschlecht"* tabelliert. Signifikante Unterschiede zwischen männlichen und weiblichen Entwicklungshelfern ergaben sich dabei nur bei folgenden Statements: *"ein christliches Beispiel geben"*, *"solidarisch mit den Menschen in der Dritten Welt leben"*, *"Menschen mit anderen Lebens-*

gewohnheiten und Ansichten kennenlernen". Die Zustimmung zu diesen Motivstatements ist bei Frauen deutlich höher als bei den befragten Männern.

Die bisher gezeigten Auswertungsergebnisse des Bereiches der persönlichen Motivation beschränkte sich auf die prozentuelle Verteilung der Einzeläußerungen bzw. auf den Zusammenhang dieser mit einzelnen unabhängigen Variablen. Ausgehend von der Überlegung, daß diese 19 Statements der Fragebatterie nicht 19 verschiedene, voneinander unabhängige Motive widerspiegeln, sondern - im Gegenteil - sich in bestimmte "Motivbündel" zusammenfassen lassen, soll nun der Versuch unternommen werden, diese Motivstruktur aufzuzeigen.

Ein dafür geeignetes statistisches Auswertungsverfahren stellt die Faktorenanalyse dar. Sie dient dazu, Zusammenhänge zwischen mehreren Variablen auf die dahinterstehende Grundstruktur, auf die sogenannten Faktoren, zurückzuführen. Die dabei errechneten Faktorladungen - sie können Werte zwischen -1 und +1 annehmen - geben an, wie stark die jeweilige Frage mit den einzelnen Faktoren zusammenhängt. Für eine genauere Darstellung des Verfahrens bzw. der mathematischen Ableitungen sei auf die einschlägige Literatur (z.B. HOLM 1976) verwiesen.

Die Ergebnisse der Faktorenanalyse mit schiefwinkeliger Rotation für die Fragebatterie zur persönlichen Motivation sollen nun dargestellt werden. Die Faktorenanalye wurde letztendlich für 18 Motivstatements gerechnet, da nach einer ersten Analyse ein Motivstatement (*Interesse an der politisch-gesellschaftlichen Situation in Entwicklungsländern*) herausgenommen werden mußte, da es keinem Faktor eindeutig zugeordnet werden konnte. Fünf Faktoren - oder, um es weniger technisch auszudrücken, "Motivbündel" - wurden nach der faktorenanalytischen Behandlung der Fragebatterie rechnerisch identifiziert.

Tabelle 11: Matrix der Faktorladungen bei achsparalleler Projektion

		FAKTOREN			
	I	II	III	IV	V
FAKTOR I mehr Unabhängigkeit vom Elternhaus	**.89**	-.08	-.25	-.04	.02
um Schwierigkeiten in persönlichen Beziehungen zu überwinden	**.87**	-.16	-.51	-.10	-.17
zeigen, was man unter harten Bedingungen leisten kann	**.66**	-.12	-.13	.28	.28
testen, ob ich mich selbständig im Ausland zurechtfinden kann	**.55**	.04	.26	.03	.03
um in meiner Persönlichkeitsentwicklung zu profitieren	**.53**	.01	.25	-.12	-.05
Selbstfindung in neuer Umwelt	**.45**	.28	.35	-.05	-.12
FAKTOR II um etwas zu tun, dessen Sinn ich besser erkennen kann	-.18	**.86**	.12	-.08	.00
Unzufriedenheit mit der eigenen Gesellschaft	.13	**.62**	.10	-.08	-.14
weil ich im Entwicklungsland mehr gebraucht werde als in Österreich	.09	**.57**	-.24	.16	.11
FAKTOR III Erfahrungen in der Begegnung mit einer fremden Kultur und Gesellschaft gewinnen	-.14	.25	**.87**	-.06	-.15
Menschen mit anderen Lebensgewohnheiten und Ansichten kennenlernen	-.27	-.02	**.80**	.15	.03
Freude am Reisen	.21	-.19	**.40**	.36	.15
FAKTOR IV um für meinen Beruf etwas zu lernen	-.27	-.01	.15	**.80**	.03
um später beruflich vorwärts zu kommen	.39	-.42	-.35	**.74**	.18
mehr Abwechslung im Beruf	-.08	.43	.17	**.52**	-.21
FAKTOR V ein christliches Beispiel geben	.20	-.33	-.27	.07	**.82**
den Menschen helfen	.03	.15	-.11	.21	**.74**
solidarisch mit den Menschen in der Dritten Welt leben	-.25	.20	.42	-.31	**.56**

Diese 5 Faktoren erklären insgesamt 56.9% der Gesamtvarianz, wobei auf die einzelnen Faktoren 20.7%, 12.5%, 9.8%, 7.2% und 6.7% entfallen.

Betrachtet man den aus 6 Statements bestehenden Faktor I, so ist leicht erkennbar, daß sich in ihm eine stark an der eigenen Persönlichkeit orientierte Motivlage ausdrückt. Einerseits - und das sind die beiden Aussagen mit der höchsten Faktorladung - sind in diesem Faktor die Statements zusammengefaßt, die sich im weitesten Sinne mit Flucht umschreiben lassen könnten und andererseits Statements, in denen sich Suche nach Selbstfindung und Bewährung ausdrückt. Die diesem Faktor zugrunde liegende Motivdimension kann somit als **Flucht**- bzw. als **Persönlichkeitsbildungsmotiv** interpretiert werden.

Die drei Statements des zweiten Faktors weisen als Gemeinsamkeit eine gewisse Unzufriedenheit mit der Lebenssituation in unserer Gesellschaft bzw. allgemein mit der Industriegesellschaft auf. Diese Motivdimension soll als **Sinnsuche** bzw. als **Unzufriedenheit** bezeichnet werden.

Der dritte Faktor ist vor allem durch die ersten beiden Statements *(Erfahrungen gewinnen, Menschen und Lebensgewohnheiten kennenlernen)* bestimmt. Das dritte Statement *Freude am Reisen* weist eine deutlich geringere Faktorladung auf. Die Motivdimension, die durch diesen Faktor repräsentiert wird, kann als Suche nach **Erfahrungsgewinn** beschrieben werden.

Bei Betrachtung der zum vierten Faktor gehörenden Statements ist augenfällig, daß sich alle drei mit der Berufssphäre befassen, wobei auch dieser Faktor vor allem durch die ersten beiden Statements bestimmt wird. Das dritte Statement *(mehr Abwechslung im Beruf)* fällt hinsichtlich der Faktorladung deutlich ab bzw. weist auch eine relativ hohe Ladung auf dem zweiten Faktor auf. Dieses Faktum läßt sich auch inhaltlich leicht erklären, wenn man den Wortlaut der einzelnen Aussagen genauer ansieht. Die ersten beiden Statements sprechen eine Lern- und Leistungsmotivation an, wogegen das dritte Statement neben dieser Dimension auch das Motiv "Sinnsuche" betrifft. Dieser vierte Faktor soll als **Berufsorientierung** bezeichnet werden.

Ein ähnliches Bild ergibt sich bei Betrachtung des fünften Faktors. Auch dieser wird vor allem durch die ersten beiden Statements charakterisiert, die beide eine religiös-karitative Motivationslage ansprechen. Die dritte Aussage hängt auch - erkennbar an der Faktorladung - mit dem dritten Faktor zusammen. Zusammenfassend soll dieser Faktor als **Helfermotiv** bezeichnet werden.

Zu vergleichbaren Ergebnissen kam auch die bereits mehrfach zitierte deutsche Vergleichsuntersuchung (vgl. HECKMANN 1977: 95ff.). Durch die im Vergleich zur vorliegenden Untersuchung etwas andere methodische Vorgangsweise (so wurden z.B. nach Männern und Frauen getrennte Faktorenanalysen durchgeführt) und durch die um einige Statements erweiterte Fragebatterie (betreffend das Motiv, durch einen Entwicklungshilfeeinsatz keinen Wehrdienst ableisten zu müssen, was ja für die österreichische Gesetzeslage nicht zutrifft), wurde zwar eine etwas andere

Faktorstruktur errechnet. Aber auch bei dieser Untersuchung wurden fünf Motivbündel identifiziert (Entfremdung, Emanzipation, Lern-Leistungsmotiv, Frustration, Persönlichkeitsbildung), die sich im großen und ganzen mit den vorliegenden Ergebnissen decken.

Nach dieser allgemeinen Beschreibung der Motivlage stellt sich die Frage, in welchem Ausmaß die einzelnen Motivdimensionen die Entscheidung, als Entwicklungshelfer tätig zu werden, bestimmten. Um eine Maßzahl dafür zu erhalten, wurde aus den Antworten auf die zu den einzelnen Faktoren gehörenden Statements je ein additiver, ungewichteter Index pro Befragtem gebildet. Um die Vergleichbarkeit mit der ursprünglichen Skala (zwischen 4 = sehr wichtig und 1 = nicht wichtig) zu gewährleisten, wurde der Summenindex pro Faktor durch die jeweilige Anzahl von Statements dividiert und die prozentuellen Anteile pro Antwortkategorie errechnet. Die folgende Tabelle zeigt diese Verteilung und somit auch die Bedeutung, die den einzelnen Motivdimensionen zukommt.

Tabelle 12: Wichtigkeit der fünf Motivdimensionen (Reihung nach dem Mittelwert, zeilenweise prozentuiert)

	sehr wichtig	wichtig	weniger wichtig	nicht wichtig	$\bar{x}$
Erfahrungsgewinn (n=200)	25.2	59.9	14.4	0.5	3.10
Helfermotiv (n=203)	11.8	54.7	32.0	1.5	2.77
Sinnsuche (n=200)	5.0	39.5	44.5	11.0	2.39
Flucht- bzw. Persönlichkeitsbildungsmotiv (n=201)	1.0	12.9	61.2	24.9	1.90
Berufsorientierung (n=203)	0	15.8	54.2	30.0	1.86

Aus dieser Reihung der Motivdimensionen bzw. aus der Prozentverteilung wird der bereits bei der Analyse der Einzelaussagen skizzierte Trend noch klarer erkennbar: Es besteht ein Dualismus zwischen Motiven, die auf klare Zustimmung und solchen, die auf deutliche Ablehnung stoßen. Die Befragten sehen ihren Entwicklungshilfeeinsatz weitgehend als idealistisch motiviert an, verbunden mit der Möglichkeit, neue Erfahrungen zu gewinnen und damit den eigenen Horizont zu erweitern. Gründe, die sich auf die konkrete Lebenssituation beziehen, werden auf der anderen Seite in ebenso hohem Ausmaß abgelehnt. Die mit *Sinnsuche* bezeichnete Motivdimension ist in einer Mittelposition angesiedelt, Zustimmung und Ablehnung halten sich hier die Waage.

Bei dem so entstandenen Bild - einer im großen und ganzen einheitlichen Motivlage der befragten Entwicklungshelfer - stellt sich die Frage, ob dies für alle Gruppen im gleichen Ausmaß zutrifft oder ob nicht, beispielsweise zwischen männlichen und weiblichen Befragten, gewisse Unterschiede in der Motivstruktur auftreten. Durch Tabellierungen der fünf Motivdimensionen mit einer Reihe von möglichen Einflußfaktoren *(Alter, Geschlecht, Bildungsgrad, Gemeindegröße, entwicklungspolitische Tätigkeit vor dem Einsatz, berufliche Tätigkeit vor Einsatzbeginn)* können Anhaltspunkte für spezielle Motivlagen bestimmter Gruppen gewonnen werden. Die in der Folge beschriebenen Zusammenhänge weisen ein Signifikanzniveau von mindestens 95% auf.

Keine signifikanten Unterschiede hinsichtlich der oben angeführten Einflußgrößen zeigen sich bei der Motivdimension "Erfahrungsgewinn", also bei der Gruppe von Statements, die von Befragten als besonders wichtig eingestuft wurden und somit die wichtigste Motivdimension darstellt. Bei der Entscheidung, einen Entwicklungshilfeeinsatz zu beginnen, spielte dieser Grund demnach für alle Gruppen von Befragten eine annähernd gleich große Rolle.

Die größte Anzahl signifikanter Zusammenhänge traten bei der als "Helfermotiv" bezeichneten Motivdimension auf. Bei der folgenden Tabelle, die diese Zusammenhänge illustriert, wurden aus Gründen der Übersichtlichkeit die Antwortkategorien *nicht wichtig* und *wichtig* zur Kategorie *unwichtig* und die Kategorien *wichtig* und *sehr wichtig* zu *wichtig* zusammengefaßt. Zur Erläuterung soll noch angemerkt werden, daß es sich bei der Frage nach der Gemeindegröße um die Herkunftsgemeinde oder, genauer gesagt, um die Gemeinde, in der die Befragten bis zum Berufseintritt überwiegend lebten, handelt. Beim Bildungsniveau umfaßt die Kategorie Pflichtschule auch die Befragten, die eine Berufsschule absolvierten, bzw. eine Meisterprüfung aufweisen.

Tabelle 13: Zusammenhang zwischen Alter, Geschlecht, Bildungsgrad, Gemeindegröße und der Motivdimension "Helfermotiv" (zeilenweise prozentuiert)

	"Helfermotiv"				
	unwichtig		*wichtig*		
	absolut	%	absolut	%	
ALTER (Einsatzbeginn)					
-22	9	20%	35	80%	100%
-25	10	20%	40	80%	100%
-29	33	46%	39	54%	100%
30+	16	43%	21	57%	100%
GESCHLECHT					
weiblich	21	23%	71	77%	100%
männlich	45	42%	61	58%	100%
BILDUNGSGRAD					
Pflichtschule	9	20%	36	80%	100%
AHS-, BHS-Matura	15	28%	39	72%	100%
Univ., u.ä.	40	42%	56	58%	100%
GEMEINDEGRÖSSE					
-5.000 Ew.	27	25%	80	75%	100%
-50.000 Ew.	15	35%	28	65%	100%
mehr als 50.000 Ew.	25	51%	24	49%	100%

Diese Zahlen lassen deutlich erkennen, daß diese Motivdimension bei jüngeren Befragten und bei Befragten aus kleineren Gemeinden besonders ausgeprägt ist. Dies ist sicherlich im Zusammenhang mit der entwicklungspolitischen Tätigkeit der Kirche bzw. kirchlicher Organisationen zu sehen, die einerseits diese Inhalte im besonderen Maße vertreten und andererseits vor allem für den angeführten Personenkreis als Informationsquelle relevant sind. Mit zunehmendem Bildungsgrad verliert diese Motivdimension etwas an Bedeutung. Unabhängig vom Alter, Bildungsgrad und Gemeindegröße läßt sich noch feststellen, daß das *"Helfermotiv"* bei den weiblichen Befragten eine größere Rolle als bei den Männern spielt, was nicht zuletzt auf die geschlechtsspezifische Sozialisation und die daraus resultierenden Rollenerwartungen zurückzuführen ist.

Die Motivdimension "Sinnsuche" war eher für männliche Befragten von Bedeutung (Männer: 51%-wichtig/Frauen: 37%). Ein weiterer Zusammenhang zeigt sich mit dem Bildungsgrad und auch mit der Art der beruflichen Tätigkeit vor dem Einsatz (Pflichtschulabsolventen: 60%-wichtig/Universitätsabsolventen: 38%). Bei Arbeitern und Angestellten spielt die "Sinnsuche" eine deutlich größere Rolle (67% bzw. 56%-wichtig) als bei Lehrer, Ärzten und Selbständigen (34%, 33% bzw. 27%-wichtig). Dies deutet darauf hin, daß bei Berufspositionen, die stark in hierarchische Strukturen eingebunden sind und deshalb über relativ wenig Autonomie verfügen, dieses Motiv zumindest begünstigt wird. Auch die Tatsache, daß ein Großteil der erstgenannten Berufsgruppen nach Einsatzende einen Berufswechsel durchführt, unterstützt diese These (siehe dazu Abschnitt 9.3.). Bei Befragten, die bereits vor dem Einsatz entwicklungspolitisch aktiv waren, besitzt diese Motivdimension einen deutlich geringeren Stellenwert (26%-wichtig; keine entwicklungspolitische Aktivität: 51%-wichtig).

Bei der als "Flucht- bzw. Persönlichkeitsbildungsmotiv" bezeichneten Motivdimension zeigte sich kein signifikanter Zusammenhang mit den angeführten demographischen Variablen. Dieses Motiv spielt also für alle Gruppen von Befragten eine gleich große (oder genauer gesagt - gleich geringe) Rolle. Wie bei der zuletzt beschriebenen Motivdimension ist auch in diesem Fall der Stellenwert besonders gering, wenn Befragte entwicklungspolitisch aktiv waren (3% vs. 17%-wichtig). Bei dieser Gruppe von Befragten ist also eine besonders sach- und zielorientierte Motivlage festzustellen, während persönlichkeitsorientierte Motive eine noch geringere Bedeutung als bei den anderen Befragten aufweisen.

Die Motivdimension "Berufsorientierung" ist eher für Absolventen höherer Ausbildungsstufen und für bestimmte Berufsgruppen von Bedeutung, wobei daran erinnert werden soll, daß dieses Motiv von nur knapp 16% der Befragten als wichtig eingestuft wurde und somit insgesamt die geringste Relevanz aufweist. Während aber 28% der Universitätsabsolventen auch diese Motivdimension als *wichtig* erachteten, beträgt der Vergleichsprozentsatz bei Pflichtschulabsolventen nur 11%. Betrachtet man die Berufstätigkeit vor dem Einsatz, fällt auf, daß vor allem Ärzte und im Gesundheitsbereich Beschäftigte berufsorientierte Motive als wichtig ansehen.

7. EINSATZVORBEREITUNG

7.1. Einsatzvorbereitung durch die Entsendeorganisationen

Die folgende Beschreibung des **Vorbereitungskonzeptes des ÖED**, das im Untersuchungszeitraum weitgehend unverändert zur Anwendung kam, basiert auf der, beispielhaft ausgewählten, Darstellung im Jahresbericht 1986.

Die Vorbereitungsphase besteht im wesentlichen aus zwei Teilen:
- einem etwa 3-monatigen *Grundkurs* in Österreich und
- einem daran anschließenden *Sprachkurs*, der sowohl in Österreich als auch im europäischen Ausland oder im Einsatzland durchgeführt werden kann.

Ein Landeseinführungskurs bzw. ein Sprachkurs in der jeweiligen Lokalsprache wird individuell in unterschiedlicher Länge an den Sprachausbildungsblock angeschlossen.

Die Vorbereitungszeit beträgt normalerweise sechs Monate, wobei aufgrund vorhandener Sprachkenntnisse eine Verkürzung möglich ist. Der Grundkurs stellt den wichtigsten Teil des Vorbereitungssystems dar und wird zweimal pro Jahr (Frühjahr, Herbst) im "Ausbildungszentrum für Entwicklungshilfe" in Mödling durchgeführt. Während dieser Zeit sind die Kursteilnehmer bereits beim ÖED angestellt. Zum Ausbildungsort, der, wie später noch gezeigt wird, nicht auf ungeteilte Zustimmung stieß, muß noch angemerkt werden, daß dieser 1990 nach Wien verlegt wurde. Die Kurse werden internatsmäßig geführt, die Teilnehmer haben an der Kursstätte Unterkunft und Verpflegung.

Die Ziele des Grundkurses werden folgendermaßen definiert: *"Die Kursteilnehmer sollen befähigt werden, ihren künftigen Einsatz als Mensch zu bewältigen und durch die Vermittlung und eigene Erarbeitung speziellen Wissens, notwendige Informationen und praktische Fähigkeiten das erforderliche Rüstzeug dazu zu erwerben."* (ÖED-Jahresbericht 1986: 15)

Die methodische Durchführung orientiert sich an diesen Zielsetzungen, d.h. neben fest eingeplanten Veranstaltungen (z.B. 1986: Sprachkurs auch im Grundkurs, soziologisches Praktikum in Form einer Gemeindeuntersuchung und die Auseinandersetzung mit den Grundsätzen des ÖED, verbunden mit rechtlichen und administrativen Fragen der künftigen Zusammenarbeit) bleibt ein großer Gestaltungsspielraum für die Kursteilnehmer. Die folgende Auflistung zeigt die Verteilung des durchschnittlichen Zeitaufwandes (in Prozent) auf sechs Themenschwerpunkte (1986):

- Fremdsprache des Einsatzgebietes   28%
- Soziologisches Praktikum: Dorfuntersuchung   22%
- Kommunikationstraining, Gesprächsführung, Bildungsfragen, Programmgestaltung, Planung und Reflexion, Didaktik   17%
- Entwicklungspolitik, Grundsatzfragen des ÖED, Einsatz-

politik, christl. orientierte Entwicklung, Religion, Kirche,
Mission, entwicklungspolitische Aktionen ... 13%
- Länder- und Projektinformation, Ländergruppenarbeit,
Rückkehrerinformation 9%
- Diverse Praktika und Interessensgruppenarbeit wie
Erste Hilfe, Tropenmedizin ... 11%

"Ziel der Vorbereitung ist es, den zukünftigen Auslandsmitarbeitern Hilfestellungen zu geben, ihre Kenntnisse zu erweitern und ihre persönlichen Fähigkeiten so weiterzuentwicklen, daß sie im Einsatz ihre Arbeit trotz der Schwierigkeiten in einem kulturell völlig neuen Umfeld optimal durchführen können." (Informationsprospekt IIZ o.J.)

Trotz weitgehender Übereinstimmung hinsichtlich der Ziele der Vorbereitung zwischen ÖED und IIZ, schlägt das IIZ bei seinem **Vorbereitungskonzept** einen anderen Weg ein. Nicht ein fixer Kurs steht im Zentrum, sondern in einzelnen Vorbereitungsphasen

- Information und Eignungsprüfung (Informations-, Grundseminare)
- Allgemeine Vorbereitung (Grund-, Aufbauseminare A+B)
- Projektbezogene Vorbereitung (Aufbauseminare B+C),

in denen die angeführten Seminartypen besucht werden müssen, erfolgt eine stufenweise Vorbereitung auf den Auslandseinsatz (IIZ-Jahresbericht 1986: 117f.). Die Informationsphase wird durch die allgemeine Bewerbung und die daraufolgenden Auswahl- und Beratungsgespräche abgeschlossen. Am Ende der Phase der "allgemeinen Vorbereitung" steht die Auswahl für ein bestimmtes Projekt.

In den *Informationsseminaren* wird über die Ziele und Arbeit des IIZ und den entwicklungspolitischen Stellenwert der Entwicklungsarbeit Auskunft gegeben. Derartige Seminare werden auch gezielt für bestimmte Berufsgruppen (z.B. Landwirte, Techniker, medizinisches Personal usw.) angeboten.

Grundseminare sind ein Block von vier einwöchigen Seminaren zu den Themen "Der/die Entwicklungsarbeiter/in", "Entwicklungsprogramme und -projekte", "Entwicklungstheorien und -strategien", "Methoden der Erwachsenenbildung". Die Teilnahme ist für alle Bewerber verpflichtend, da sie neben der Informationsvermittlung vor allem der Eignungsprüfung dienen.

Die *Aufbauseminare* dienen der Weiterbildung der Bewerber und sollen auf die eigentliche Entwicklungsarbeit vorbereiten. Es gibt drei verschiedene Arten, alle setzen absolvierte Grundseminare und die Eignungsprüfung voraus:

- *Aufbauseminare A*: Aufbauend auf die Grundseminare werden bestimmte Themenbereiche, wie weltwirtschaftliche Zusammenhänge, Frauen in der Dritten Welt usw., behandelt .

- *Aufbauseminare B*: Sie werden meist in Form von Workshops geführt. Themenbereiche sind z.B. Planung und Zusammenarbeit, Ökologische Probleme in der Dritten Welt, Counterpart-Training usw.

- *Aufbauseminare C*: Bei diesen Seminaren werden gemeinsam mit Rückkehrern zwischenmenschliche und strukturelle Zusammenhänge sowie Problemfindung und -lösung modellhaft erarbeitet.

Zur Weiterbildung von Rückkehrern, Heimaturlaubern und Mitarbeitern entwicklungspolitischer Gruppen dienen die *Aufbauseminare D*.

Im Rahmen der projektbezogenen Vorbereitung, die mit der Auswahl für eine bestimmte Aufgabe in einem festgelegten Projekt beginnt (wobei auch der Projektpartner im Einsatzland der Bewerbung zustimmen muß), liegt der Schwerpunkt bei folgenden Bereichen:

- landeskundliche Informationen
- projektbezogene Informationen (Projektadministation, Aufgabenstellung, politischer Rahmen, Counterparts, Zielgruppe, Konflikte usw.)
- sprachliche Vorbereitung
- fachspezifische Vorbereitung (praktische berufliche Weiterbildung und/ oder zusätzliche Ausbildung)

Die maximal 14-tägigen Seminare verteilen sich über einen längeren Zeitraum, sodaß die Vorbereitungszeit, abhängig von der Berufsausbildung und -erfahrung, 6 Monate bis 3 Jahre dauern kann, wobei seitens des IIZ besonderer Wert auf Selbständigkeit gelegt wird.

Bedingt durch veränderte Schwerpunktsetzungen in der Projektpolitik des IIZ ab 1987 (siehe Abschnitt 8.1.), kam es auch zu Veränderungen im Bereich der Personalrekrutierung und -vorbereitung. Bei der Personalwerbung sollen vor allem speziell benötigte Berufsgruppen angesprochen werden, wobei eine Intensivierung der Bewerberbetreuung durch eine verkürzte Auswahlphase angestrebt wird. In mehrtägigen *Auswahlseminaren* soll Bewerbern die Entscheidungsfindung erleichtert werden. Weiters sollen die Möglichkeiten der Vorbereitung im Einsatzland (Incountry-Training) verstärkt genutzt werden (IIZ-Jahresbericht 1988: 107).

7.2. Bewertung der institutionellen Einsatzvorbereitung

Bevor nun nach der Darstellung des Vorbereitungssystems bzw. der Vorbereitungsinhalte der beiden Entsendeorganisationen auf die Einschätzungen der Befragten zu diesem Bereich eingegangen wird, sei noch eine Anmerkung gestattet. Aus der Beschreibung der institutionellen Einsatzvorbereitung wurde deutlich, daß, trotz aller Unterschiede, nicht die reine Wissensvermittlung in herkömmlicher Form im Vordergrund steht, sondern sowohl teilnehmer- als auch zielorientierte Unterrichtsformen und -inhalte die Ausbildung bestimmen. Dies bedingt einerseits eine interdisziplinäre Ausrichtung der Vorbereitung und andererseits eine Ausbildungsstruktur, die einer permanenten Veränderung unterliegt. Einige Ausbildungsziele, wie z.B.

Persönlichkeitsbildung oder Erhöhung der psychischen Belastbarkeit können naturgemäß grundsätzlich nicht als Fach, sondern nur innerhalb des Ausbildungsprozesses vermittelt werden. Aus dem Gesagten resultiert, daß einerseits zwar die Bewertung von Einzelfächern zu einem gewissen Grad eine Beurteilung der Ausbildung gestattet, aber andererseits eine Gesamtanalyse der Einsatzvorbereitung mittels des von uns verwendeten methodischen Instrumentariums als nicht möglich erscheint.

Um aber dennoch zumindest einige Aspekte der Einsatzvorbereitung näher zu durchleuchten, wurden im Fragebogen zehn Ausbildungsbereiche bzw. -schwerpunkte vorgegeben, die die befragten Entwicklungshelfer jeweils hinsichtlich des Umfanges und der Qualität zu bewerten hatten. Die folgenden Tabellen zeigen die Prozentverteilung der Antworten, wobei als Basis die tatsächlichen Antworten dienten und die Antwortverweigerungen aus der Berechnung herausgenommen wurden. Der Prozentsatz der Antwortverweigerungen bewegt sich im Durchschnitt zwischen 5% und 6%, wobei ein Bereich (Sprache der Projektregion) einen Spitzenwert von über 20% aufweist, was vermuten läßt, daß dieser und auch andere Bereiche in Einzelfällen nicht zutreffend waren.

Tabelle 14: Einschätzung der Ausbildungsbereiche bezüglich ihres Umfanges (Angaben in Prozent, zeilenweise prozentuiert)

	zuwenig	etwas zuwenig	ausreichend	zuviel
europäische Fremdsprache	16.4	22.1	61.0	0.5
Sprache der Projektregion	46.8	18.9	34.3	0
Probleme der Entwicklungshelfer	19.1	23.7	51.0	6.2
Kommunikationstraining	17.8	28.4	45.2	8.6
Soziologie	13.1	21.2	56.1	9.6
Pädagogik, Didaktik	25.0	42.2	31.8	2.0
Informationen über Einsatzland	19.3	25.4	54.8	0.5
Informationen über Einsatzprojekt	33.0	26.8	39.7	0.5
Grundfragen d. Entwicklungspolitik	11.8	19.0	61.0	8.2
Gesundheit, Hygiene	7.1	13.2	76.7	3.0

Auffällig erscheint, daß nur sehr wenige ehemalige Entwicklungshelfer Ausbildungsbereiche als zu umfangreich einschätzten und daß 3 der 10 vorgegebenen Bereiche von mehr als der Hälfte der Befragten als nicht ausreichend behandelt klassifiziert wurden (Sprache der Projektregion, Pädagogik, Informationen über das Einsatzprojekt). Erstaunlich ist ein Vergleich mit den Ergebnissen der vor 10 Jahren durchgeführten Vergleichsuntersuchung. Obwohl davon ausgegangen werden kann, daß sich gerade im Bereich der Einsatzvorbereitung in diesem Zeitraum sehr viel verändert hat, kommt diese Untersuchung zu ähnlichen Resultaten. Zwar dürfte jetzt dem Bereich der Sprachausbildung und den Informationen über das Einsatzland breiterer Raum eingeräumt werden (61% bzw. 55% "*ausreichend*" im Vergleich zu 43% bzw. 45%) aber ansonsten wurden sehr ähnliche Ausbildungsdefizite festgestellt (SCHOLTA/ZAPOTOCZKY 1978: 20).

Wie schon erwähnt, sollten die vorgegebenen Ausbildungsbereiche nicht nur bezüglich ihres Umfanges sondern auch bezüglich der Qualität bewertet werden. Die prozentuelle Verteilung der Antworten kann folgender Tabelle entnommen werden.

Tabelle 15: Einschätzung der Qualität der Ausbildungsbereiche (Angaben in Prozent, zeilenweise prozentuiert)

	sehr schlecht	schlecht	mittelmäßig	gut	sehr gut
europäische Fremdsprache	5.9	3.7	16.6	43.3	30.5
Sprache der Projektregion	33.5	14.4	19.9	20.6	11.6
Probleme der Entwicklungshelfer	6.7	23.7	38.1	28.4	3.1
Kommunikationstraining	8.2	12.2	33.7	40.8	5.1
Soziologie	7.2	16.1	33.7	36.8	6.2
Pädagogik, Didaktik	13.2	29.6	37.6	18.5	1.1
Informationen über Einsatzland	9.7	12.7	35.0	35.5	7.1
Informationen über Einsatzprojekt	18.6	20.6	26.3	25.2	9.3
Grundfragen d. Entwicklungspolitik	3.6	12.3	28.2	47.2	8.7
Gesundheit, Hygiene	4.6	11.3	28.2	43.1	12.8

Mit Ausnahme der Sprachausbildung (europ. Fremdsprache) auf der positiven und der "Sprache der Projektregion" bzw. "Informationen über Einsatzprojekt" auf der negativen Seite sind extreme Bewertungen selten. Im Durchschnitt sind ungefähr ein Drittel der Bewertungen im Bereich "mittelmäßig" angesiedelt. Auch dieses Ergebnis deckt sich wiederum weitgehend mit der zitierten Untersuchung.

Um einen besseren direkten Vergleich zwischen den einzelnen Ausbildungsbereichen zu bekommen, wurden für jeden einzelnen - sowohl hinsichtlich Quantität wie auch Qualität - der Mittelwert berechnet. Die folgenden beiden Grafiken illustrieren die durchschnittliche Einschätzung sowohl des Ausbildungsumfanges als auch der -güte.

Abbildung 5: Durchschnittliche Bewertung der Ausbildungsbereiche

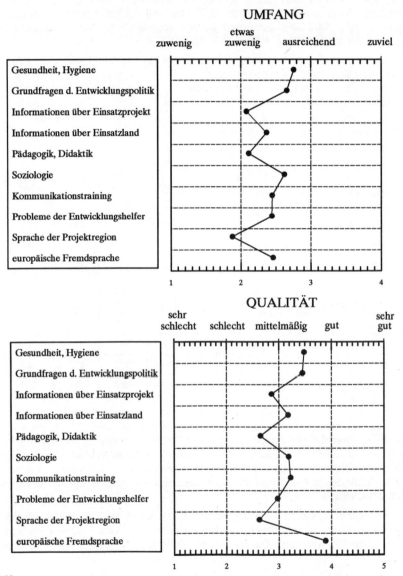

Schon auf den ersten Blick ist der nahezu idente Kurvenverlauf bei diesen beiden Grafiken erkennbar. Dies deutet auf einen engen Zusammenhang zwischen der Beurteilung des Umfanges und der Qualität der jeweiligen Bereiche hin, was auch durch die Berechnung von Korrelationskoeffizienten bestätigt wurde (Die errechneten Produktmomentkorrelationen erreichten Werte bis zu .79). Dieser, eigentlich erwartete, hohe positive Zusammenhang bedeutet, daß bei Bereichen, in denen ein Defizit bezüglich des Umfanges konstatiert wurde, auch die Bewertung der Qualität eher schlecht ausgefallen ist und umgekehrt. Weiters springen auch drei Ausbildungsbereiche ins Auge *(Sprache der Einsatzregion, Pädagogik, Informationen über das Einsatzprojekt)*, die von den Befragten sowohl hinsichtlich des Umfanges als auch der Qualität besonders kritisch eingeschätzt wurden.

Wie im ersten Abschnitt bereits näher ausgeführt, unterscheiden sich die Ausbildungskonzepte der beiden Entsendeorganisationen sowohl von der Struktur als auch von den Inhalten her gesehen deutlich. So liegt es auf der Hand, eine nach Organisationen getrennte Auswertung dieses Fragenkomplexes vorzunehmen. In der folgenden Abbildung wird die Bewertung der 10 vorgegebenen Ausbildungsbereiche bezüglich des Umfanges - getrennt nach Entsendeorganisationen - gezeigt. Um vor allem jene Bereiche herauszustellen, die, nach Meinung der Befragten, in der Vorbereitung nicht im ausreichenden Ausmaß vermittelt wurden, wird nur die Verteilung der Kategorien *etwas zuwenig* und *zuwenig* dargestellt.

Abbildung 6: Bewertung der Ausbildungsbereiche bezüglich des Umfanges, nach Entsendeorganisationen getrennt (Angaben in Prozent)

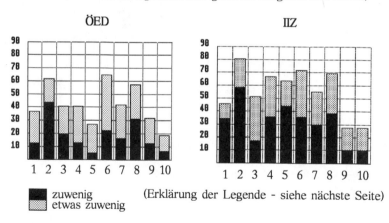

Deutlich wird aus dieser Grafik ersichtlich, daß bei beiden Organisationen auch hier wieder die drei bereits erwähnten Bereiche bezüglich des Umfanges als besonders unzureichend beurteilt wurden, wobei die ehemaligen

IIZ-Entwicklungshelfer ihrer Einsatzvorbereitung durchwegs etwas kritischer gegenüberstehen.

Um die Darstellung der Beurteilung der Qualität der einzelnen Ausbildungsbereiche nicht zu unübersichtlich zu gestalten, wurden die Kategorien *sehr gut* und *gut* sowie *sehr schlecht* und *schlecht* in jeweils eine Kategorie zusammengefaßt, d.h. die Prozentsumme der Antworten *sehr gut* und *gut* bilden die postiven, die Einschätzungen *schlecht* und *sehr schlecht* die negativen Säulen. Die nicht explizit ausgewiesene Kategorie *mittelmäßig* ergibt sich aus dem auf 100 fehlenden Prozentsatz.

Abbildung 7: Ausbildungsbereiche - Qualität (in Prozent)

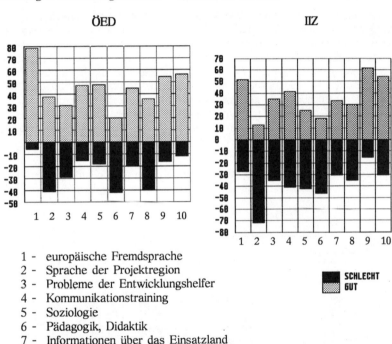

1 - europäische Fremdsprache
2 - Sprache der Projektregion
3 - Probleme der Entwicklungshelfer
4 - Kommunikationstraining
5 - Soziologie
6 - Pädagogik, Didaktik
7 - Informationen über das Einsatzland
8 - Informationen über das Einsatzprojekt
9 - Grundfragen der Entwicklungspolitik
10 - Gesundheit, Hygiene

Im großen und ganzen zeigen sich auch hier bei beiden Organisationen ähnliche Tendenzen. Auf der positven Seite sind es wiederum drei Bereiche *(europäische Fremdsprache, Entwicklungspolitik, Gesundheit)*, die von jeweils mehr als 50% der Befragten als *sehr gut* bzw. als *gut* eingeschätzt wurden. Auf der Negativseite sticht - vor allem bei den IIZ-Rückkehrern - die schlechte Bewertung des Bereiches *Sprache der Projektregion* hervor.

Die Vermutung lag nahe, daß neben der *"Entsendeorganisation"* noch weitere Einflußgrößen mit der quantitativen und qualitativen Bewertung der Ausbildungsbereiche in Zusammenhang stehen. Deshalb wurden weitere Tabellierungen der Ausbildungsbereiche mit den Variblen *Anzahl der Einsätze, Jahr der Rückkehr, Einsatzverkürzung, Geschlecht* und *Bildung* durchgeführt, um eventuell vorhandene Unterschiede zwischen Subgruppen hinsichtlich der Ausbildungsbewertung zu erfassen, wobei ein Signifikanzniveau von mindestens 95% vorausgesetzt wird. Vorwegnehmend kann gesagt werden, daß sich bei keiner dieser Variablen die Ausbildungsbewertung so deutlich wie zwischen den Rückkehrern der beiden Organisationen unterscheidet. Es lassen sich jedoch einige bemerkenswerte Tendenzen feststellen, die in der Folge kurz dargestellt werden sollen.

Hinsichtlich der *Anzahl der Einsätze* ergaben sich nur in wenigen Ausbildungsbereichen signifikante Unterschiede zwischen den Entwicklungshelfern, die einen Einsatz absolvierten und denen, die mehr als einen Einsatz leisteten. Vor allem der Bereich der Sprachausbildung - sowohl die *europäische Fremdsprache* als auch die *Sprache der Projektregion* - wurde von den mehrmals auf Einsatz gewesenen Entwicklungshelfern kritischer beurteilt. Dies trifft sowohl auf den Umfang als auch auf die Qualität dieser Bereiche zu. Ein gegenläufiger Zusammenhang zeigt sich im Bereich *Gesundheit, Hygiene*, der von mehrmals auf Einsatz gewesenen Rückkehrern signifikant besser hinsichtlich des Ausbildungsumfanges bewertet wurde. Bei der Beurteilung der Qualität zeigt sich ein ähnlicher - allerdings nicht signifikanter - Trend. Auch der Bereich *Pädagogik, Didaktik* wurde von dieser Gruppe, diesmal bezüglich der Ausbildungsqualität, signifikant besser beurteilt.

Das *Jahr der Rückkehr* wurde in die Analyse miteinbezogen, da die unterschiedlichen Rückkehrerjahrgänge in der Regel auch verschiedene Ausbildungsjahrgänge bilden. Da in dieser Untersuchung 6 Rückkehrerjahrgänge (1982 - 1987) erfaßt wurden und davon ausgegangen werden kann, daß in sechs Jahren Ausbildungsumfang und -inhalte gewissen Veränderungen bzw. Anpassungen unterworfen waren, konnte vermutet werden, daß die Einschätzung der Ausbildung umso kritischer sei, je länger der Rückkehrzeitpunkt zurückliegt. Gleich vorweg kann gesagt werden, daß sich diese Hypothese weitgehend nicht bestätigte. Mit Ausnahme des Bereiches *europäische Fremdsprache* lassen sich weder hinsichtlich der quantitativen noch der qualitativen Einschätzung der Ausbildungsbereiche signifikante Unterschiede in der postulierten Richtung feststellen. Auch als alle, die entweder mehrere Einsätze absolvierten oder einen Einsatz verkürzten, aus der Analyse herausgenommen wurden - um besser vom Rückkehrjahr auf Ausbildungsjahrgänge schließen zu können - war dies nicht der Fall. Generell kann gesagt werden, daß zwar vielfach tatsächlich die Rückkehrer des Jahres 1982 Ausbildungsbereiche kritischer beurteilen als die der darauffolgenden Jahre. Entgegen dem erwarteten Trend äußern sich die Rückkehrer der letzten beiden Jahrgänge jedoch wiederum eher kritisch, wobei, wie bereits erwähnt, die Unterschiede unterhalb des 95%igen Signifikanzniveaus hinsichtlich der Riditdifferenzen angesiedelt sind.

Da dem Problembereich der *Einsatzverkürzung* ein eigenes Kapitel in dieser Untersuchung gewidmet ist, soll hier nur kuz auf den Zusammenhang mit der Beurteilung der Ausbildung eingegangen werden. Hinsichtlich der Bewertung des Umfanges unterscheidet sich die Gruppe, die ihren oder einen ihrer Einsätze verkürzten von den übrigen in zwei Ausbildungsbereichen - *Soziologie* und *Informationen über das Einsatzprojekt*. Der Umfang der Soziologie wird von 68% dieser Gruppe als ausreichend und von 13% sogar als zuviel klassifiziert (im Vergleich dazu die Gruppe der "Nichtverkürzer" 50% bzw. 8%). Bei den Projektinformationen zeigt sich ein gegenläufiger Trend. 44% finden diesen Bereich ausreichend behandelt, hingegen nur 31% derjenigen, die ihren Einsatz verkürzten. Signifikante Unterschiede zwischen diesen beiden Gruppen lassen sich auch bei der qualitativen Beurteilung der zwei erwähnten Bereiche feststellen, wobei jeweils die Gruppe der "Einsatzverkürzer" die Ausbildungsgüte schlechter bewertet. Besonders kraß ist dies vor allem bei den Projektinformationen, die von nur 22% dieser Gruppe als gut oder sehr gut, hingegen von 28% als sehr schlecht eingeschätzt wurden. Die Vergleichsprozentzahlen lauten 41% und 14%.

Keine großen Unterschiede bezüglich der Einschätzung der Vorbereitung zeigen sich zwischen Männern und Frauen. Bei der Beurteilung des Umfanges sind es drei Bereiche (*Sprache der Projektregion, Information über Einsatzland, Entwicklungspolitik*), die jeweils von den weiblichen Befragten kritischer bewertet wurden. Bei der Behandlung entwicklungspolitischer Fragestellungen konstatierten zum Beispiel 39% der Frauen Defizite, 53% fanden diesen Bereich als ausreichend und 8% als zuviel behandelt an. Die vergleichbaren Prozentsätze der männlichen Befragten lauten 24%, 67% und 9%. Die Bereiche *Pädagogik* und *Gesundheit* werden hinsichtlich der Bewertung der Qualität von den Männer deutlich schlechter bewertet.

Die neben der Entsendeorganisation bedeutendste Einflußgröße auf die Ausbildungsbeurteilung stellt die *Schulbildung* dar, wobei dies gleichermaßen auf die Bewertung des Umfanges wie der Qualität zutrifft. Grundsätzlich kann gesagt werden, daß in den meisten Ausbildungsbereichen eine höhere Schulbildung mit einer kritischeren Beurteilung Hand in Hand gehen. Signifikante Unterschiede wurden in den Bereichen *europäische Fremdsprache, Sprache der Projektregion, Kommunikationstraining, Soziologie, Informationen über Einsatzland* und *Einsatzprojekt* festgestellt. Am Beispiel der regionalen Fremdsprache und der Projektinformationen soll dieser Zusammenhang in Prozenttabellen gezeigt werden. Die Variable Schulbildung wurde in 3 Kategorien zusammengefaßt, wobei die erste Kategorie die Pflicht- und Berufsschulen beinhaltet, die zweite die allgemein- und berufsbildenden höheren

Schulen und die dritte Kategorie Pädagogische Akademien, Universitäten und ähnliches.

Tabelle 16: Beurteilung des Ausbildungsbereiches "Sprache der Projektregion" nach Schulbildung getrennt (Angaben in Prozent)

	zuwenig	etwas zuwenig	ausreichend	zuviel	
Pflichtschule	24.4	31.7	43.9	0	100%
Matura	45.5	15.9	38.6	0	100%
Universität	59.0	14.1	26.9	0	100%

In dieser, wie auch in der folgenden Tabelle ist ganz klar die mit der Schulbildung zunehmend kritischer werdende Beurteilung des Ausbildungsumfanges erkennbar. Fast 2/3 der befragten Entwicklungshelfer mit Universitätsausbildung konstatierten ein Defizit in diesem Ausbildungsbereich.

Tabelle 17: Beurteilung des Ausbildungsbereiches "Informationen über das Einsatzprojekt" nach Schulbildung getrennt (Angaben in Prozent)

	zuwenig	etwas zuwenig	ausreichend	zuviel	
Pflichtschule	30.2	9.3	60.5	0	100%
Matura	28.9	28.9	40.3	1.9	100%
Universität	37.0	32.6	30.4	0	100%

Der Anteil der mit den Projektinformationen Unzufriedenen steigt von 39% bei Pflichtschulabsolventen bis fast 70% bei Universitätsabsolventen, während sich der Anteil derer, die diesen Bereich als ausreichend einschätzen, halbiert. Da dieser Trend, wie erwähnt, nicht nur die Beurteilung des Umfanges sondern auch die Qualitätsbewertung betrifft, soll dies auch noch anhand der Prozentverteilungen dieser beiden Ausbildungsbereiche illustriert werden.

Tabelle 18: Beurteilung der Qualität des Bereichs "Sprache der Projektregion" (Angaben in Prozent)

	sehr schlecht	schlecht	mittelmäßig	gut	sehr gut	
Pflichtschule	13.2	13.2	28.9	21.0	23.7	100%
Matura	32.5	18.9	16.2	21.6	10.8	100%
Universität	43.9	12.1	18.2	19.7	6.1	100%

Tabelle 19: Beurteilung der Qualität des Bereichs "Informationen über das Einsatzprojekt" (Angaben in Prozent)

	sehr schlecht	schlecht	mittelmäßig	gut	sehr gut	
Pflichtschule	8.9	17.8	22.2	40.0	11.1	100%
Matura	13.5	25.0	26.9	19.2	15.4	100%
Universität	26.7	18.9	27.8	22.2	4.4	100%

Dieser enge Zusammenhang zwischen Schulbildung und Bewertung zeigt sich nicht nur bei den beiden exemplarisch ausgewählten Bereichen, sondern bei 6 von den insgesamt 10 zu bewertenden Ausbildungsbereichen. Das Signifikanzniveau der Riditdifferenzen zwischen der ersten und der dritten Bildungskategorie zeigt durchwegs Werte von mehr als 99%. Der errechnete Zusammenhang ist weiters nicht von der Art der institutionellen Ausbildung abhängig, da er bei beiden Organisationen feststellbar ist. Es kann also generell davon ausgegangen werden, daß die Erwartungshaltung bzw. das Anspruchsniveau gegenüber der von den Organisationen zu leistenden Einsatzvorbereitung mit zunehmendem Bildungsgrad ansteigt. Darin könnte ein Grund für die deutlich kritischere Ausbildungsbeurteilung der ehemaligen IIZ-Entwicklungshelfer - bei denen ja der Anteil der Universitätsabsolventen deutlich höher als bei den ÖED-Rückkehrern ist - zu finden sein.

Interessant erschien uns weiters die Frage, welchen Stellenwert die Einsatzvorbereitung durch die Organisationen für die Projekttätigkeit im Einsatzland aufweist. Dazu wurden 6 Faktoren vorgegeben, deren Wichtigkeit hinsichtlich der Einsatzarbeit jeweils einzuschätzen war. Folgende Tabelle zeigt die prozentuelle Verteilung der Antworten, wobei die Faktoren nach dem Mittelwert und somit nach ihrer Bedeutung für die Projektarbeit gereiht wurden.

Tabelle 20: Faktoren für Einsatztätigkeit (Angaben in Prozent, zeilenweise prozentuiert)

	sehr wichtig	wichtig	weniger wichtig	nicht wichtig
Kontakte zu Einheimischen	72.2	21.7	5.6	0.5
eigene berufliche Erfahrung bzw. Ausbildung	51.5	38.0	10.5	0
soziales/entwicklungspolitisches Engagement	39.7	40.2	18.1	2.0
zusätzliche eigene Vorbereitung	26.3	51.0	21.2	1.5
Vorbereitung durch die Entsendeorganisation	34.7	36.7	21.6	7.0
Zusammenarbeit mit anderen Entwicklungshelfern	29.4	42.6	18.8	9.2

Es fällt auf, daß sowohl der eigenen als auch der institutionellen Vorbereitung im Verhältnis zu den anderen Faktoren eher weniger Bedeutung hinsichtlich der Einsatztätigkeit zugemessen wird. Betrachtet man die Befragten der beiden Organisationen getrennt, so werden auch hier beträchtliche Unterschiede sichtbar. 48% der IIZ-Rückkehrer schätzen die Bedeutung der institutionellen Vorbereitung als *weniger* bzw. als *nicht wichtig* ein, wogegen bei der ergänzenden eigenen Vorbereitung 43% angeben, daß diese *sehr wichtig* war. Die vergleichbaren Prozentsätze bei den ÖED-Rückkehrern betragen 24% (*weniger* bzw. *nicht wichtig*) und 22% *sehr wichtig* bei der eigenen Vorbereitung. Auf die nicht direkt mit der Vorbereitung zusammenhängenden Faktoren sollen an dieser Stelle nicht näher eingegangen werden, da der Einsatztätigkeit ein eigenes Kapitel gewidmet ist. Im nächsten Abschnitt werden Aspekte der individuellen Vorbereitung, die hinsichtlich der Einsatztätigkeit - wie aus obiger Tabelle ersichtlich ist - bedeutsamer als die institutionelle eingeschätzt wird, näher beleuchtet.

7.3 Individuelle Einsatzvorbereitung

Zur Erfassung der neben der Ausbildung durch die Entsendeorganisationen zusätzlich durchgeführten eigenen Maßnahmen zur Einsatzvorbereitung, wurden fünf Möglichkeiten vorgegeben, wobei selbstverständlich Mehrfachnennungen möglich waren. Gereiht nach der Häufigkeit der Nennungen ergab sich folgendes Bild:

- Lektüre über das Einsatzland (74%)
- Kontakte mit ehemaligen Entwicklungshelfern (57%)
- Kontaktaufnahme mit Entwicklungshelfern im Einsatz (37%)
- Kontakte zum Projektträger (21%)
- zusätzlicher Sprachkurs (15%)

Es wurde auch die Möglichkeit geboten, zusätzliche Bereiche anzuführen. 46 Befragte (23%) machten davon Gebrauch. Am häufigsten wurde dabei *Fachliteratur* (Technik, Medizin, angepaßte Technologien usw.) genannt (12 Nennungen). *Reisen in das zukünftige Einsatzland* wurde von 6 Befragten angeführt. Ebenfalls 6 Nennungen betrafen den Besuch von *Kursen* (Technik, Tropenmedizin). Weiters wurden mehrfach genannt: *Kontakte zu Personen aus der Dritten Welt, Kontakte zu Solidaritätsgruppen, Literatur über entwicklungspolitische Fragestellungen*. Ein Blick auf die Vergleichsuntersuchung aus dem Jahre 1978 zeigt eine bemerkenswerte Übereinstimmung bei der individuellen Einsatzvorbereitung. Mit Ausnahme der Kategorie *Kontakte zum Projektträger*, die damals nicht vorgesehen war, ergab sich eine idente Reihung der einzelnen Kategorien (SCHOLTA/ZAPOTOCZKY 1978: 25f.). So kann eine Aussage der damaligen Studie nur bestätigt werden, daß nämlich die individuelle Vorbereitung eher auf allgemeine Informationen und weniger konkret projektbezogen orientiert ist. Dabei ist noch anzumerken, daß die *Kontaktaufnahme mit Entwicklungshelfern im Einsatz* (als Maßnahme einer projektbezogenen Vorbereitung) mit 37% anteilsmäßig weniger Nennungen aufweist als bei der Vergleichsstudie (44%).

Nur 18 der befragten ehemaligen Entwicklungshelfer (9%) gaben an, keine zusätzlichen Maßnahmen zur Vorbereitung gesetzt zu haben. Dieser niedrige Prozentsatz zeigt, daß der zusätzlichen individuellen Vorbereitung von den Befragten beider Organisationen ein hoher Stellenwert eingeräumt wird. Da sich die Befragten beider Organisationen jedoch sowohl hinsichtlich der Beurteilung der Ausbildung durch die jeweilige Entsendeorganisation als auch hinsichtlich der Einschätzung der Bedeutung der eigenen Vorbereitung unterscheiden, liegt es nahe, auch diese Frage getrennt zu behandeln. Die folgende Abbildung zeigt für jede vorgegebene Möglichkeit - getrennt nach Entsendeorganisation - den Anteil der Nennungen in Prozenten.

Abbildung 8: Eigene Vorbereitungsmaßnahmen

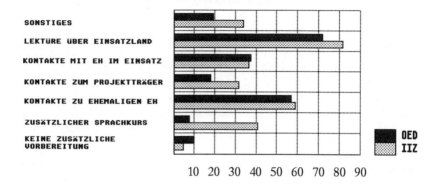

Die befragten IIZ-Rückkehrer schätzen also nicht nur allgemein die Wichtigkeit der individuellen Vorbereitung höher ein, sie sind auch bei fast jedem der vorgegebenen Bereiche mit einem höheren prozentuellen Anteil als die ÖED-Rückkehrer vertreten. Dies zeigt einmal mehr, daß im Vorbereitungskonzept des IIZ individuelle Vorbereitungsmaßnahmen einen integralen Bestandteil bilden, während der ÖED in seiner Kurskonzeption eher die institutionalisierte Vorbereitung betont. Deutlich ersichtlich ist dies am Beispiel der Sprachkurse. Da diese in den ÖED Vorbereitungskurs integriert sind, gaben nur ca. 7% an, einen zusätzlichen Sprachkurs besucht zu haben. Beim IIZ hingegen beträgt der Anteil 41%.

Keine signifikanten Zusammenhänge zeigten sich zwischen dieser Fragestellung und dem Geschlecht, Einsatzverkürzung, Einsatzhäufigkeit und dem Bildungsgrad.

7.4. Änderungswünsche der Befragten

Neben der Bewertung einzelner Ausbildungsbereiche bezüglich Quantität und Qualität und der Angabe eigener Maßnahmen zur Einsatzvorbereitung, bildeten Fragen nach Verbesserungsmöglichkeiten einen weiteren Schwerpunkt im Themenkomplex "Vorbereitung".

In Gesprächen mit Verantwortlichen in den Organisationen und mit ehemaligen und aktiven Entwicklungshelfern wurde immer wieder angemerkt, daß verschiedene Ausbildungsbereiche im eigenen Land nur unzureichend zu vermitteln sind. Um auch die Meinung ehemaliger Entwicklungshelfer dazu systematisch zu erfassen, wurden folgende zwei Fragen gestellt:

Sollte man ihrer Meinung nach
- *einen Teil des Vorbereitungsprogramms ins zukünftige Einsatzland verlegen*
- *noch vor dem Einsatz eine Vorpraxis in einem anderen Projekt durchführen,*

wobei jeweils die Kategorien *ja, unbedingt; ja, wenn möglich* und *nein* vorgegeben waren.

Fast 32% der Befragten befürworteten eine teilweise Vorbereitung im Einsatzland unbedingt, weitere 56%, wenn dies möglich ist. Nur 12% hielten dies für nicht sinnvoll. Bezüglich der Vorpraxis in einem anderen Projekt ist der Zustimmungsgrad etwas geringer. 11% hielten eine Vorpraxis für unbedingt erforderlich, aber immerhin 58% gaben an *ja, wenn möglich*. Allerdings äußerten sich auch 31% zu diesem Punkt ablehnend. Bemerkenswert erscheint, daß sich bei beiden Fragen die Befragten der beiden Organisationen nicht nennenswert unterscheiden. Es kann also von einer - zwar graduell unterschiedlichen - allgemeinen Befürwortung derartiger Vorbereitungsmaßnahmen ausgegangen werden.

Die Befragten hatten aber nicht nur die Möglichkeit, den Umfang und die Qualität vorgegebener Vorbereitungsinhalte zu bewerten, sondern sie konnten auch, in Form einer offenen Frage, zusätzliche Bereiche anführen, die in das Vorbereitungsprogramm Eingang finden sollten. Nach der doch eher kritischen Beurteilung der institutionellen Einsatzvorbereitung war es nicht verwunderlich, daß die Mehrzahl der Befragten von dieser Möglichkeit Gebrauch machten (fast 60% der ÖED-Rückkehrer und 70% der IIZ-Rückkehrer). Einige Befragte führten dabei aber keine zusätzlichen Bereiche an, sondern nützten die Gelegenheit, um ihre Kritik an der Vorbereitung noch einmal zu betonen (z.B. "keine Zusätze - bessere Qualität") oder um organisatorische Änderungen anzuregen (z.B. "Ausbildungsort und Methode verändern"). Die verbleibenden Nennungen lassen sich grob in vier Themenbereiche zusammenfassen: Forderung nach mehr konkreten Ausbildungsinhalten (48 Nennungen), nach mehr allgemeinen Informationen (38), nach mehr Informationen über Gruppenprozesse (15) und nach Problemlösungsstrategien für persönliche Problemlagen (11).

Fast die Hälfte der Nennungen bezog sich auf ganz konkrete Bereiche, die zusätzlich in der Vorbereitung behandelt werden sollten. An der Spitze steht (mit jeweils 10 Nennungen) die Forderung nach Sprachausbildung in der lokalen Fremdsprache und nach fachspezifischer und projektbezogener Vorbereitung. Es ist hier nicht der Raum, das ganze Spektrum der vorgeschlagenen Bereiche aufzuzeigen, es sollen nur kurz jene angeführt werden, die von mehreren Befragten genannt wurden. Dies waren zum Beispiel: Informationen über medizinische Probleme, Tropenlandwirtschaft, Technologietransfer, Autoreparatur, Genossenschaftswesen und Dorfentwicklung, Meditationstechniken, Ernährung usw.

Bei den Forderungen, die sich mehr auf allgemeine Informationen bezogen, stand der Bereich der politischen Situation im Einsatzland an erster Stelle, wobei auch der Vorschlag gemacht wurde, Zeitungen aus den betreffenden Ländern in der Ausbildung zu verwenden. Weitere mehrfach genannte Bereiche waren: Wirtschaftspolitik und internationale Verflechtungen, kulturelle Hintergründe bzw. Traditionen, Rolle der Kirche und Missionen, Administration und Entscheidungsstrukturen im Einsatzland usw. 15 Befragte konstatierten ein Ausbildungsdefizit bei Fragen betreffend Arbeit in Gruppen, Gruppenführung und -organisation, Kommunikation, gruppendynamische Prozesse und Konfliktlösungen in Gruppen.

Eine Thematik, die im Gesamtkomplex der Entwicklungshilfetätigkeit - ob absichtlich oder unabsichtlich - gerne vernachläßigt wird, ist die Ebene persönlicher Problemlagen. Sie ist aber oftmals für den Verlauf bzw. den Erfolg der Projektarbeit von entscheidender Bedeutung - wie es auch in einigen Interviews mit aktiven und ehemaligen Entwicklungshelfern im Rahmen des Forschungsprojektes immer wieder angesprochen wurde - meist aber ohne in Projektberichten Erwähnung zu finden. So ist es auch nicht verwunderlich, daß von einigen Befragten gefordert wird, Themenbereiche wie Einsamkeit, Sexualität, Partnerschaftsprobleme, Selbsterfahrung, Kulturschock etc. in die institutionelle Vorbereitung aufzunehmen.

Diese große Bandbreite der Bereiche, die, nach Ansicht der Befragten, zusätzlich in das Vorbereitungsprogramm aufgenommen werden sollten, zeigt auf, wie schwierig sich eine adäquate Vorbereitung auf die Einsatztätigkeit bewerkstelligen läßt. Sie soll nicht zu lange dauern, möglichst teilnehmerorientiert ablaufen, viele Bereiche abdecken und das alles vor dem Hintergrund einer bezüglich Bildungsniveau und Berufstätigkeit heterogenen Gruppe mit sehr unterschiedlichen Anforderungen für die folgende Projektarbeit im Einsatzland. Aus diesem Grund haben wir den Befragten auch - in offener Form - die Frage gestellt, wie ihrer Meinung nach eine optimale Vorbereitung aussehen sollte.

Der hohe Stellenwert, den die Vorbereitungsphase für die ehemaligen Entwicklungshelfer einnimmt, zeigt sich darin, daß drei Viertel aller Befragten von der Möglichkeit Gebrauch machten, ihre Vorstellungen einer geeigneten Einsatzvorbereitung darzulegen. Da die Beschreibungen zum Teil sehr umfangreich ausgefallen sind, soll an dieser Stelle nur auf besondere Auffälligkeiten bzw. Tendenzen eingegangen werden. Weiters wird auf eine zusammenfassende Darstellung der für notwendig erachteten Ausbildungsinhalte verzichtet, da hier eine weitgehende Übereinstimmung mit den zuvor beschriebenen, zusätzlichen Vorbereitungsbereichen besteht.

Wie am Beginn dieses Abschnittes erwähnt, stimmte eine deutliche Mehrheit der Befragten der Aussage zu, Teile des Vorbereitungsprogrammes in das jeweilige Einsatzland zu verlegen. Die Bedeutung, die von den ehemaligen Entwicklungshelfern diesem Punkt zugemessen wird, zeigt sich aber auch bei den Antworten auf die offene Frage bezüglich einer optimalen Einsatzvorbereitung. Fast die Hälfte der Befragten plädiert explizit für eine zumindest teilweise Verlagerung der Einsatzvorbereitung in das Einsatzland, wobei sich die Überlegungen im Detail aber doch sehr stark unterscheiden. So sind einige der Meinung, vor allem die Sprachausbildung dorthin zu verlegen, andere halten es für notwendig, die gesamte Vorbereitungsphase im Einsatzland durchzuführen. Weitere diesbezügliche und mehrfach genannte Vorschläge waren: Mitarbeit in einem vergleichbaren Projekt (nicht im zukünftigen Einsatzprojekt), Reisen in Entwicklungsländer bzw. Projektbesuche im Rahmen der Vorbereitung (wobei einige der Befragten der Meinung sind, dies sollte vor der eigentlichen Einsatzentscheidung ermöglicht werden), längere Einarbeitungsphase im eigentlichen Projekt in Zusammenarbeit mit anderen Enwicklungshelfern.

Neben der Forderung nach Vorbereitung im Einsatzland steht an zweiter Stelle der Vorschlag, im Vorbereitungsprogramm verstärkt auf die Erfahrungen ehemaliger Entwicklungshelfer zurückzugreifen, wobei vor allem auch "Einsatzabbrecher" und solche mit negativen Projekterfahrungen zu Wort kommen sollten.

Eine sehr große Streuung zeigt sich bei den Vorschlägen bezüglich des für die Vorbereitungsphase aufzuwendenden Zeitrahmens. Das Spektrum erstreckt sich dabei von der Forderung überhaupt auf die Vorbereitung zu verzichten bis zu einer Vorbereitungszeit von einem Jahr. Im Durchschnitt wird eine Vorbereitungsdauer von 4-5 Monaten gefordert, wobei 2-3 Monate auf Ausbildungsmaßnahmen in Österreich und 2 Monate auf das jeweilige Einsatzland entfallen. Klarerweise kann ein Durchschnittswert nur einen ungefähren Richtwert skizzieren, dem breiten Meinungsspektrum wird dadurch nur sehr bedingt Rechnung getragen.

Welche Bedeutung, neben den inhaltlichen Schwerpunkten und dem Vorbereitungskonzept, auch den Rahmenbedingungen der Vorbereitung zukommt, wird daran ersichtlich, daß fast jeder zehnte der befragten ÖED-Rückkehrer deutliche Kritik am (damaligen) Ausbildungsort Mödling bzw. am dortigen Ausbildungszentrum übt. In einigen Fällen findet auch das internatsähnliche Konzept des ÖED-Kurses als "Kasernierung" negative Erwähnung. Angemerkt werden soll aber auch, daß mehrfach die Vorbereitung durch die jeweilige Organisation als den Erfordernissen entsprechend bezeichnet wurde.

Auch die Antworten auf diese Frage zeigen aber einmal mehr, wie schwierig sich die Vorbereitungsphase gestaltet, obwohl doch, bei aller Vielfalt der Meinungen und Vorschläge, bestimmte Ausbildungsmankos immer wieder genannt werden und auch aus den Vorstellungen der Rückkehrer bezüglich einer optimalen Einsatzvorbereitung gewisse Richtungen herauszulesen sind.

8. PROJEKTTÄTIGKEIT

Es liegt auf der Hand, daß bei einer Befragung ehemaliger Entwicklungshelfer dem Bereich der konkreten Arbeit vor Ort, der dort gemachten Erfahrungen und der rückblickenden Einschätzungen der Tätigkeit entscheidende Bedeutung zukommt. Es mag vermessen erscheinen, die vielfältigen Arbeitsbereiche und Schwierigkeiten in einem breiten Spektrum sehr unterschiedlicher Einsatzländern mittels einer schriftlichen Befragung und mittels quantitativer Analysen einigermaßen adäquat erfassen zu wollen. Gerade in den letzten Jahren ist aber - neben der immer wieder geäußerten Kritik an der Entwicklungshilfe allgemein - auch die Personalentsendung verstärkt in diese Kritik miteinbezogen worden (vgl. z.B. DIRMOSER 1991; ERLER 1984; SCHNEIDER 1985). Nicht zuletzt deshalb sind die Meinungen und Einschätzungen von Personen, die großteils mehrere Jahre in Entwicklungsländern tätig waren, von besonderem Interesse, auch wenn die Darstellung der Einsatztätigkeit nur zum Teil der tatsächlichen Praxis gerecht werden kann.

Bevor nun im einzelnen auf die Auswertung dieses Bereiches eingegangen wird, soll vorerst die Einsatzpolitik der beiden Entsendeorganisationen kurz dargestellt werden.

8.1. Einsatzpolitik der Entsendeorganisationen

Der folgende Überblick über die Projektpolitik der beiden Entsendeorganisationen basiert weitgehend auf den in den jeweiligen Jahresberichten beinhalteten Beschreibungen der Grundsätze der Einsatzpolitik. Der gesamte Bereich der Entwicklungspolitik ist als dynamischer Prozeß zu sehen, bei dem auf sich verändernde Problemlagen mit immer wieder neu anzupassenden Lösungs- oder - besser gesagt - Mitwirkungsansätzen reagiert werden muß. Um diesem Umstand Rechnung zu tragen, d.h. auch eventuelle Veränderungen in der Einsatzpolitik beschreiben zu können, fanden Jahresberichte aus den Jahren 1982 bis 1988 Verwendung. Selbstverständlich ist dieser - auf die Rückkehrjahrgänge der befragten Entwicklungshelfer abgestimmte - Zeitraum für eine systematische Analyse von Veränderungen in der Einsatzpolitik und der daraus resultierenden konkreten Projektarbeit zu kurz, aber die soll hier auch nicht geleistet werden.

"Die ... Kriterien der Einsatzpolitik basieren auf der 'Entwicklungspolitik der Katholischen Kirche in Österreich' ... Desgleichen steht die ÖED-Einsatzpolitik im Rahmen der Grundsätze der österreichischen staatlichen Entwicklungspolitik ..." (ÖED-Jahresbericht 1987: 169)

"Das IIZ bekennt sich in seiner Projektpolitik ausdrücklich zu den Grundsätzen und Schwerpunkten der 'Entwicklungspolitik der katholischen Kirche Österreichs' und den Grundsätzen und Kriterien der österreichischen Entwicklungspolitik im Dreijahresprogramm der Entwicklungshilfe der österreichischen Bundesregierung." (IIZ-Jahresbericht 1988: 8)

Diese beiden Zitate illustrieren sehr anschaulich, daß zwischen den Entsendeorganisationen, zumindest hinsichtlich des programmatischen Rahmens der Einsatzpolitik, keine Unterschiede erkennbar sind. In der Folge soll der Frage nachgegangen werden, welche Zielvorstellungen bzw. Kriterien zur Projektauswahl aus diesen, sehr allgemein formulierten, Grundpositionen resultieren.

Die Grundlage der ÖED-Einsatzpolitik ist die schriftliche Fassung eines Vorstandsbeschlusses aus dem Jahre 1983, die in unveränderter Form noch immer gültig ist. *"Mit seinen Personaleinsätzen will der ÖED einen Beitrag zu einer christlich orientierten, gesamtmenschlichen Entwicklung leisten ... Entwicklung ist nicht einfach gleichbedeutend mit wirtschaftlichem Wachstum. Wahre Entwicklung muß umfassend sein, sie muß den ganzen Menschen im Auge haben und die gesamte Menschheit."* Als Ziel entwicklungspolitischer Maßnahmen wird genannt: *" ... Befreiung des Menschen von geistigen und materiellen Nöten und Hemmungsfaktoren, die ihn daran hindern, selber an der Verbesserung seines Lebens zu arbeiten und aktiver Mitgestalter der Welt zu sein."* (ÖED-Jahresbericht 1987: 169) Bei der Umsetzung dieser Zielvorstellungen ist vor allem die Auswahl der Einsatzprojekte von entscheidender Bedeutung. Dabei geht der ÖED von einem Modell der Vorrang- und Ausschlußkriterien aus.

Vorrang haben Projekte,

- die innerhalb eines größeren Entwicklungszusammenhangs stehen (Programme vor Einzelprojekte, hohe Multiplikatorwirkung)
- mit hohem Partizipationsgrad der Bevölkerung
- die an besonderen Engpässen der Entwicklung ansetzen
- die eine möglichst unmittelbare Zusammenarbeit der Entwicklungshelfer mit der Zielgruppe ermöglichen.

Inhaltliche Vorrangkriterien sind: hoher Bewußtseinsbildungseffekt, Bildungs- und Ausbildungseffekt, der den Bedürfnissen der Bevölkerung entspricht, Beiträge zur Befriedigung der Grundbedürfnisse und Förderung angepaßter Technologie- und Wirtschaftssysteme, die Abhängigkeiten verringern.

Ausgeschlossen wird die Mitarbeit in offiziell nicht als Entwicklungsland anerkannten Ländern sowie in Gebieten, in denen die Entwicklungshelfer durch akute Kriegsereignisse gefährdet sind. Weiters finden Projekte keine Unterstützung, die rein privatem Nutzen dienen, die Entwicklungshelfer vor unrealisierbare Aufgaben oder unzumutbare Belastungen stellen, die ohnehin

Privilegierte begünstigen oder die der Produktion vor Kriegsmaterialien dienen. (vgl. ÖED-Jahresbericht 1987: 15)

In erster Linie stehen Anträge und Anforderungen aus den Entwicklungsländern selbst (z.B. von dort tätigen Entwicklungshelfern, Missionen, staatlichen Stellen, österreichischen Auslandsvertretungen, Kooperativen) am Beginn der Projektauswahlphase. Die Projektbeschreibung wird in der Zentrale überprüft und vorbeurteilt. Die endgültige Entscheidung über die Realisierung eines Projektes fällt im ÖED-Vorstand. Die positiv bewerteten Projekte werden dann noch der zuständigen Sektion im Bundeskanzleramt unterbreitet. Bei Projekten in Schwerpunktländern (Papua Neu Guinea, Zimbabwe, Nicaragua, seit 1988 zusätzlich: Ecuador, Uganda) spielen die dort tätigen Koordinatoren beim Prozeß der Projektbeurteilung, aber auch bei der Projektfindung, eine wichtige Rolle. Angemerkt sei noch, daß die ÖED-Einsatzpolitik - nach eigenen Worten - als Soll-Beschreibung anzusehen ist, der die Realität naturgemäß etwas nachhinken muß (ÖED-Jahresbericht 1987: 19)

In den Grundsätzen der Projektpolitik des IIZ wird - in weitgehender Übereinstimmung mit der ÖED-Einsatzpolitik - die Förderung des ganzen Menschen und die Befreiung aus einseitigen Abhängigkeitsstrukturen als zentrales Element entwicklungspolitischer Tätigkeit angesehen. *"Mit unserer Mitarbeit und Beratung in Entwicklungsvorhaben möchten wir in erster Linie eine Entwicklung anregen, die aufbauend auf den lokalen und nationalen Ressourcen und Kräften eine größtmögliche Eigenständigkeit und Teilnahme der Bevölkerung sowie die Befreiung von äußeren Zwängen und Abhängigkeiten ermöglicht."* (IIZ-Jahresbericht 1985: 111) Im Gegensatz zum ÖED ist bei den Kriterien zur Projektauswahl und den daraus resultierenden Projektschwerpunkten eine Veränderung in der Programmatik festzustellen. Bis zum Jahre 1986 orientiert sich das IIZ bei der Projektauswahl an inhaltlich festgelegten Prioritäten und an Negativkriterien, die ein Projektengagement ausschließen, wobei diese Richtlinien weitgehend dem bereits beschriebenen ÖED-Kriterienkatalog entsprechen (vgl. IIZ-Jahresbericht 1986: 112). Schwerpunktmäßig sollen eher komplexere Vorhaben unterstützt und "reine" Personaleinsätze reduziert werden, verbunden mit einer Konzentration auf Projekte im ländlichen Raum. Aus diesen eher allgemein formulierten Richtlinien resultiert eine Neudefinition der "IIZ-Schwerpunktpolitik": *"Während unserer 25-jährigen Entwicklungszusammenarbeit haben sich zwei unserer bisherigen Tätigkeitsbereiche als besonders wichtig herauskristallisiert:*

- die Bekämpfung der ländlichen Armut
- die Erhaltung der natürlichen Umwelt

Deshalb haben wir uns entschlossen, unseren Schwerpunkt in Zukunft auf
* Dorfbezogene ländliche Entwicklung (DLE) zu legen."
(IIZ-Jahresbericht 1987: 130)

Die Zielvorgabe des Konzeptes der "dorfbezogenen ländlichen Entwicklung" wird folgendermaßen definiert: *"Durch Nutzung lokaler Ressourcen* soll besonders die ärmere ländliche Bevölkerungsschicht in die Lage versetzt werden, ihre Lebensverhältnisse dauerhaft zu verbessern und ihre Zukunft selbstverantwortlich zu gestalten." (IIZ-Jahresbericht 1987: 132) Zusätzlich beinhaltet dieses Schwerpunktkonzept noch die Grundsätze, nach denen sich DLE-Projekte orientieren müssen (Armuts-, Identitäts-, Partizipations-, Selbsthilfe-, Nachhaltigkeits-, Subsidiaritäts-, Effektivitäts-, Vernetzungs- und Transparenzgrundsatz) sowie die Gestaltungsleitlinien für die Programmdurchführung (Selbsthilfeförderung, multisektoraler Ansatz, Kernmaßnahmen, Wirtschaftskreisläufe und begleitende Planung). Im Rahmen des multisektoralen Ansatzes ist eine Konzentration auf die Schlüsselbereiche *Landwirtschaft* und *Kleingewerbe/Handwerk* anzustreben, wobei im darauffolgenden Jahresbericht zusätzlich *Selbsthilfeorganisationen* und *Umweltschutz/Ressourcenplanung* explizit angeführt wurden (vgl. IIZ-Jahresbericht 1987: 133 und IIZ-Jahresbericht 1988: 13).

Auch hinsichtlich der Projektfindung ist eine Veränderung festzustellen. Wurde im ursprünglichen Konzept in erster Linie auf Anfragen und Anforderungen reagiert, so beinhaltet das Konzept der "Dorfbezogenen ländlichen Entwicklung" eine offensivere Projektpolitik: " ... *DLE- und Ökologieprojekte selbst zu initiieren, zu planen und durchzuführen ...*" (IIZ-Jahresbericht 1988: 9).

Abschließend sollen noch die inhaltlichen und regionalen Schwerpunkte der jeweiligen Einsatztätigkeit im Untersuchungszeitraum kurz dargestellt werden, wobei die Zahlen den ÖED- und IIZ-Jahresberichten von 1982 - 1988 entnommen wurden. Die darin enthaltenen Einsatzstatistiken sind allerdings von den beiden Entsendeorganisationen unterschiedlich strukturiert, sodaß ein direkter Vergleich nur schwer möglich ist. So wird zum Beispiel beim ÖED meist von der Anzahl der Einsatzmonate pro Land und Projektschwerpunkt ausgegangen, während beim IIZ die eingesetzten finanziellen Mittel die Berechnungsgrundlage darstellen. Auch zur Einteilung der Arbeitsschwerpunkte finden unterschiedliche Kategoriensysteme Verwendung.

Der ÖED ist in etwa gleichem Ausmaß in Afrika und Lateinamerika engagiert (durchschnittlich je 38% der Einsatzmonate), die restlichen 24% entfallen auf Papua Neu Guinea. Tendenziell blieb im Untersuchungszeitraum die Anzahl der Projekte in Papua Neu Guinea annähernd konstant, die meisten Projekte waren bis 1986 in Afrika, ab diesem Jahr in Lateinamerika. Die Anzahl der Einsatzländer schwankte zwischen 13 und 15, wobei naturgemäß eine deutliche Konzentration der Einsätze in den drei Schwerpunktländern (Papua Neu Guinea, Nicaragua, Zimbabwe) festgestellt werden kann. Auf diese drei Länder entfielen zwischen 51% (1983) und 59% (1987) der Einsatzmonate. Weitere Länder mit einer größeren Anzahl von Einsatzmonaten waren: Kenia, Zentralafrikanische Republik, Tansania, Peru.

Zwischen 1982 und 1987 entfielen durchschnittlich

> 32% der Einsätze auf den Sozialbereich (auch Animation Rurale, Community Development)

29% auf den technischen Bereich (auch Handwerk, Gewerbe)
12% auf den Bereich der Erwachsenenbildung (auch Höhere Schulen)
11% auf den Gesundheitsbereich
9% auf die Landwirtschaft (Forstwirtschaft, Gartenbau)
7% auf sonstige Bereiche (z.B. Handel, Administration).

Eine kontinuierliche Abnahme ist im Sozialbereich feststellbar (von 39% 1982 auf 21% 1987), ein gegenläufiger Trend zeigt sich im Bereich der Landwirtschaft, der von 5% im Jahre 1982 auf 13% (1987) anstieg. Die anderen Bereiche sind zwar jährlichen Schwankungen unterworfen, es lassen sich aber - über diesen Zeitraum - keine klaren Tendenzen konstatieren.

Bezüglich der Verteilung der Projektträger sind in den ÖED-Jahresberichten keine statistischen Angaben enthalten.

Im Untersuchungszeitraum verwendete das IIZ durchschnittlich fast 60% der Projektmittel für Personaleinsätze in afrikanischen Ländern, ungefähr 35% für Länder in Lateinamerika und den verbleibenden Anteil für asiatische Länder. Die Anzahl der Einsatzländer beträgt 15 bis 20. Obwohl das IIZ keine deklarierte Politik der Länderschwerpunkte verfolgt, ist doch, bei aller regionaler Streuung, eine Konzentration der Aufwendungen auf wenige Länder festzustellen. So werden durchschnittlich fast 60% der Mittel für Projekte in vier Ländern (z.B. 1987: Nicaragua, Peru, Zambia, Senegal) verwendet. Weitere wichtige Einsatzländer sind: Tansania, Kap Verde, Rwanda, Mexiko, Kolumbien und Brasilien.

Da in den Jahresberichten unterschiedliche Kriterien zur Einteilung der inhaltlichen Schwerpunkte Verwendung fanden, ist ein direkter Jahresvergleich nicht möglich. Um dennoch die Arbeitsschwerpunkte zu illustrieren, zeigt die folgende Aufstellung die prozentuelle Verteilung der Projektmittel des IIZ für die Jahre 1985 und 1987:

1985:	1987:
37% sozialer Bereich	35% ländliche Entwicklung
22% Land- und Forstwirtschaft	21% Gesundheit und Umwelt
15% Ausbildung, formale	14% Soziales
15% Gesundheitswesen	11% Erziehung und Bildung
8% Gewerbe	10% Wirtschaft
3% Handel (Genossensch.)	8% Land- und Forstwirtschaft
	1% Forschung und Planung

Auf der Seite der Projektträger ist ein leichtes Übergewicht privater Träger festzustellen, der Anteil kirchlicher Projektträger beträgt durchschnittlich ein Drittel, 20% bis 30% entfallen auf staatliche Projektträger (1987: privat-38%; kirchlich-32%; staatlich-30%), wobei in Afrika vor allem kirchliche Projektträger von Bedeutung sind und in Lateinamerika vermehrt mit privaten und staatlichen Trägern zusammengearbeitet wird.

Obwohl sich der Untersuchungszeitraum auf die Jahre 1982 - 1987 beschränkt, soll der Vollständigkeit halber noch kurz auf die gegenwärtige entwicklungspolitische Tätigkeit der beiden Organisationen eingegangen werden.

Nach eigenen Worten hat sich das IIZ *"im Laufe der letzten fünf Jahre ... von einer traditionellen Personalentsendungs- zu einer Fachorganisation für partizipative Vorbereitung, Planung und Durchführung von Programmen im ländlichen Raum entwickelt."* (IIZ-Jahresbericht 1991: 3) Die regionale Aufteilung der Mittel blieb fast unverändert: 59% Afrika (Länderschwerpunkte: Senegal, Guinea Bissau, Zambia), 38% Lateinamerika (Nicaragua), 5% Asien (Nepal). Bezüglich der inhaltlichen Schwerpunkte zeigt sich eine Konzentration auf den Bereich der *ländlichen Entwicklung* (53%). *Handwerk/Kleingewerbe* und *Gesundheit* weisen Anteile von 18% bzw. 14% auf, alle anderen Bereich bewegen sich zwischen 2% und 5%.

Beim ÖED sind die beschriebenen Grundsätze der Einsatzpolitik nach wie vor gültig, im Rahmen des Diskussionsprozesses "ÖED 2000" ist aber eine Neuformulierung zu erwarten. (vgl. ÖED-Jahresbericht 1991: 20). 46% der Einsatzmonate entfielen 1991 auf Lateinamerika, 41% auf Afrika und nur mehr 13% auf Papua Neuguinea. 87% der Einsätze wurden in den 5 Schwerpunktländern (Papua Neuguinea, Zimbabwe, Uganda, Nicaragua, Ecuador) durchgeführt, die Zahl der Einsatzländer insgesamt betrug neun. 27% der Einsatzmonate entfielen auf den Bereich *Bildung*, 22% auf *Handwerk/ Gewerbe*, 21% auf *Gesundheit*, 13% auf den *Sozialbereich* und 17% auf *sonstige Bereiche*.

8.2. Einsatzhäufigkeit und -dauer

Die weitaus überwiegende Mehrheit der Befragten (n=148/73%) war ein einziges Mal als Entwicklungshelfer in einem Projekt tätig, 21% reisten zu einem Zweiteinsatz in ein Entwicklungsland aus und 6% gaben an, mehr als zweimal in einem Entwicklungsland tätig gewesen zu sein. Während in der Einsatzhäufigkeit kaum ein Unterschied zwischen männlichen und weiblichen Befragten festzustellen ist, zeigen sich doch gewisse Unterschiede zwischen den beiden Entsendeorganisationen. So gaben 80% der ÖED-Rückkehrer an, einmal auf Einsatz gewesen zu sein, 17% ein zweites Mal und nur 3% eine darüber hinausgehende Anzahl; die vergleichbaren Prozentsätze für die IIZ-Rückkehrer betragen 48%, 36% und 16%. Für die Entwicklungshelfer des ÖED stellt also eine einmalige Projekttätigkeit den Regelfall dar, während beim IIZ mehr als die Hälfte Mehrfacheinsätze tätigt. Es sei an dieser Stelle allerdings auf die unterschiedliche Normaleinsatzdauer der beiden Organisationen hingewiesen (ÖED: 36 Monate/IIZ: 24 Monate). Interessant ist in diesem Zusammenhang ein Blick auf die Vergleichsuntersuchung aus dem Jahre 1978, in der für die ÖED-Rückkehrer nahezu idente Prozentwerte erhoben wurden: 82% der damals Befragten waren einmal auf Einsatz, 17% zweimal und 1% dreimal, wobei auch dort keine signifikanten geschlechtsspezifischen Unterschiede festgestellt wurden (SCHOLTA/ZAPOTOCZKY 1978: 27).

In engem Zusammenhang mit der Einsatzhäufigkeit ist die **Einsatzdauer** zu sehen, die - nach Monaten gegliedert - in folgender Tabelle, getrennt nach der jeweiligen Entsendeorganisation, aufgezeigt wird.

Tabelle 21: Einsatzdauer in Monaten nach Organisationen (in Prozent)

	IIZ (n=42)	ÖED (n=158)	Gesamt (n=200)
1-12 M.	4.8	6.9	6.5
13-24 M.	42.9	16.5	22.0
25-36 M.	21.4	42.4	38.0
37-48 M.	11.9	22.8	20.5
mehr als 48 M.	19.0	11.4	13.0
	100%	100%	100%

Zum besseren Verständnis dieser Tabelle soll noch angemerkt werden, daß eine Vertragsverlängerung im gleichen Projekt nicht als Zweiteinsatz angesehen wird. So ist es kein Widerspruch, daß zum Beispiel 34% der befragten ÖED-Rückkehrer eine Einsatzdauer von mehr als 36 Monate anführten, jedoch nur 20% öfters als einmal auf Einsatz waren. Keine signifikanten Unterschiede bestehen hinsichtlich der Einsatzdauer zwischen männlichen und weiblichen Befragten und zwischen (vor dem Einsatz) ledigen und verheirateten Entwicklungshelfern. Auch diese Ergebnisse decken sich weitgehend mit der Vergleichsuntersuchung aus dem Jahre 1978 (SCHOLTA/ZAPOTOCZKY 1978: 28).

62 Befragte gaben an, ihren bzw. einen ihrer Einsätze verkürzt zu haben, das entspricht einem Prozentsatz von 31%. Der Unterschied zwischen den Befragten der beiden Entsendeorganisationen ist dabei beträchtlich: 35% (ÖED) zu 16% (IIZ). Da diesem Problembereich ein eigener Abschnitt gewidmet wird, soll an dieser Stelle nicht weiter darauf eingegangen werden. Anzumerken wäre noch, daß auch der Prozentsatz der Einsatzverkürzungen weitgehend dem der Vergleichsuntersuchung entspricht. Wenn man davon ausgeht, daß der Bereich der Auswahl und Vorbereitung der Entwicklungshelfer und der praktizierten Projektpolitik seitens der Organisationen einem stetigen Wandel unterliegen und daß der Tatsache einer Einsatzverkürzung meist sehr persönliche Gründe zugrunde liegen, erscheint es bemerkenswert, daß die Prozentwerte bezüglich Einsatzhäufigkeit, -dauer und -abbruch über einen Zeitraum von mehr als einem Jahrzehnt annähernd konstant blieben.

8.3 Regionale und inhaltliche Schwerpunkte

Bemerkenswert ist die breite geographische Streuung und die große Zahl der Einsatzländer. So waren die befragten Rückkehrer in 27 verschiedenen Ländern (13 afrikanischen, 10 lateinamerikanischen und 4 asiatischen) tätig. Vor dem Hintergrund der bescheidenen Entwicklungshilfeleistungen Österreichs (siehe Abschnitt 2.2.), erscheint diese breite Ressourcenstreuung nicht ideal. Es muß allerdings angemerkt werden, daß mittlerweile sowohl seitens der Organisationen als auch der österreichischen Entwicklungspolitik allgemein (vgl. Dreijahresprogramm 1989-1992 : 30f.) die Notwendigkeit der Mittelkonzentration betont und auch in der Einsatzpolitik der letzten Jahre zum Ausdruck gebracht wird.

Folgende Abbildung zeigt die Verteilung der Befragten über die einzelnen Einsatzländer bzw. -regionen, getrennt nach der jeweiligen Entsendeorganisation. Um die Grafik nicht zu unübersichtlich zu gestalten, wurden nur die Länder aufgenommen, in denen mehr als 6 Entwicklungshelfer tätig waren, die restlichen wurden nach Kontinenten zusammengefaßt.

Abbildung 9: Einsatzländer bzw. -regionen

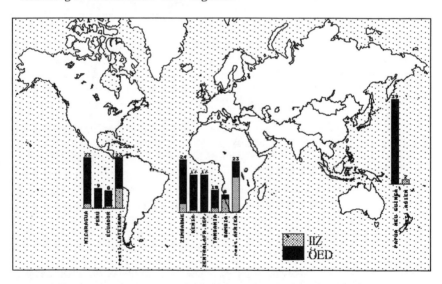

Die im Abschnitt über die Projektpolitik beschriebenen Unterschiede in der regionalen Schwerpunktsetzung der beiden Organisationen spiegeln sich in dieser Abbildung wider. Die Haupteinsatzländer der ÖED-Rückkehrer sind in der Abbildung deutlich erkennbar: Neben den drei Schwerpunktländern noch

Kenia und die Zentralafrikanische Republik, die beide traditionelle Einsatzregionen des ÖED darstellen. Die befragten ehemaligen IIZ-Entwicklungshelfer verteilen sich auf eine Anzahl nicht explizit angeführter afrikanischer (z.B. Guinea Bissau, Senegal, Kap Verde, Rwanda) und südamerikanischer Länder (z.B. Brasilien, Mexiko). Insgesamt waren 49% der Befragen in Afrika, 31% in Lateinamerika und 20% in Asien bzw. Ozeanien tätig (ÖED: 44% - 32% - 24% / IIZ: 67% - 28% - 5%).

Zur Erfassung des jeweiligen **inhaltlichen Projektschwerpunktes** wurden den Befragten sechs Kategorien, die weitgehend der in den ÖED-Jahresberichten üblichen Projektgliederung entsprachen, zur Auswahl angeboten. Allerdings wurde aus der Kategorie *Sozialbereich*, die in der ÖED-Statistik sehr umfassend definiert ist (einschließlich "Animation Rurale" bzw. "Community Development"), der Bereich der Dorfentwicklung herausgenommen und als eigene Kategorie eingeführt, um eine bessere Differenzierung hinsichtlich des Tätigkeitsprofils zu ermöglichen. Die folgende Tabelle zeigt die prozentuelle Verteilung der einzelnen Kategorien, getrennt nach Entsendeorganisationen.

Tabelle 22: Inhaltliche Projektschwerpunkt (in Prozent)

	IIZ (n=41)	ÖED (n=152)	Gesamt (n=193)
ganzheitliche Dorfentwicklungsprogramme	14.6	23.0	21.2
Sozialbereich	0	14.5	11.4
techn./handwerklicher Bereich	12.2	18.4	17.1
Gesundheitsbereich	26.8	10.5	14.0
Landwirtschaft	7.3	7.9	7.8
schulischer Bereich	22.0	21.1	21.2
sonstige Bereiche	17.1	4.6	7.3
	100%	100%	100%

Neben den deutlich erkennbaren Projektschwerpunkten, *schulischer Bereich*, *Gesundheitsbereich* (IIZ) und *Dorfentwicklung* (ÖED), fällt der relativ hohe Prozentsatz der *sonstigen Bereiche* bei den IIZ-Rückkehrern ins Auge. Diese dürften zum Teil ihren Projektschwerpunkt nicht in dieser (ÖED)Kategorisierung wiedergefunden haben und nahmen die Möglichkeit wahr, zusätzliche Bereiche anzuführen. Mehrfach genannt wurden: Koordination, Verwaltung, Kunst und Kultur, Arbeit mit Schulabgängern und Arbeitslosen.

Betrachtet man die **geographische** Verteilung der einzelnen Projektschwerpunkte, zeigen sich folgende Ergebnisse:

Dorfentwicklung: mehr als die Hälfte in Afrika, allein in der Zentralafrikanischen Republik 35% (exakt ausgedrückt: 35% der Befragten, die angaben, in einem Dorfentwicklungsprojekt tätig gewesen zu sein, waren in der Zentralafrikanischen Republik auf Einsatz);

Sozialbereich: die Hälfte in Papua Neuguinea, je 14% in Ecuador bzw. in Nicaragua, 13% in weiteren lateinamerikanischen Ländern;

technisch/handwerklicher Bereich: hier liegt eine breitere Streuung vor, 21% Papua Neuguinea, 18% Nicaragua, 12% Tanzania, 34% in weiteren afrikanischen und 25% in verschiedenen lateinamerikanischen Ländern;

Gesundheitsbereich: hier liegt eine deutliche Konzentration auf Afrika vor: 19% Zimbabwe, je 11% Kenia und Tanzania, 29% in weiteren Ländern auf diesem Kontinent;

Landwirtschaft: dieser mit insgesamt 15 Nennungen am wenigsten oft genannte Bereich hat mit 47% den geographischen Schwerpunkt in Lateinamerika, dabei überwiegend in Peru; 20% Papua Neuguinea;

schulischer Bereich: je 20% Papua Neuguinea und Zimbabwe, je 17% Kenia und Nicaragua.

Die 14 zusätzlich genannten Projektschwerpunkte streuen relativ gleichmäßig über alle Einsatzregionen.

Neben der Verteilung der Schwerpunkte über die einzelnen Einsatzländer bzw. -regionen ist auch noch die umgekehrte Fragestellung von Interesse, d.h. welche Kategorie pro Land bzw. Region die häufigste Nennung aufweist:

Papua Neuguinea:	Sozialbereich (29% der Befragten, die in P.N.G. auf Einsatz waren, gaben an, in einem Sozialprojekt tätig gewesen zu sein)
Zimbabwe:	Schule (33%)
Kenia:	Schule (44%)
Zentralafr. Republik:	Dorfentwicklung (82%)
Tanzania:	technisch/handwerklicher Bereich (40%)
Zambia:	Dorfentwicklung und Schule (je 37%)
restl. Afrika:	Gesundheitsbereich (32%)
Nicaragua:	Schule (32%)
Peru:	Landwirtschaft (56%)
Ecuador:	Sozialbereich (43%)
restl. Lateinamerika:	Dorfentwicklung (30%)

Selbstverständlich bildet der Projektschwerpunkt nur den Rahmen, in dem die eigentliche Einsatzpraxis angesiedelt ist. So wird in der Realität die weitgehende Übereinstimmung der individuellen Arbeitsschwerpunkte mit den jeweiligen Projektschwerpunkten eher die Ausnahme als die Regel darstellen. Um diesem Umstand Rechnung zu tragen, wurde nicht nur nach dem Projektschwerpunkt gefragt, sondern die Befragten konnten bei jeder Kategorie den für den eigenen Arbeitsbereich charakteristischen prozentuellen Anteil dieses Bereiches angeben Das daraus resultierende durchschnittliche Tätigkeitsprofil zeigt folgendes Bild:

Dorfentwicklungsprogramm	11%
Sozialbereich	12%
techn./handwerkl. Bereich	18%
Gesundheitsbereich	17%
Landwirtschaft	10%
Schule	24%
sonstige	8%

Ein Vergleich mit der Prozentverteilung der Projektschwerpunkte (siehe Tabelle 22) zeigt gewisse - allerdings nicht besonders krasse - Unterschiede. So ist zwar der Bereich Dorfentwicklung (neben dem Schulbereich) der am häufigsten genannte Schwerpunkt, der die konkrete Tätigkeit in diesem Bereich betreffende Prozentwert liegt aber deutlich niedriger. Dies ist zwar gerade bei dieser Kategorie nicht sehr überraschend, handelt es sich doch beim Begriff "ganzheitliche Dorfentwicklungsprogramme" mehr um eine programmatische Zielvorstellung als um einen konkret faßbaren Tätigkeitsbereich. Es zeigt sich aber, daß die individuellen Arbeitsschwerpunkte nur zum Teil denen des Projektes entsprechen, ein Faktum, das bei getrennter Betrachtung der einzelnen Bereiche noch deutlicher zutage tritt. Die folgende Übersicht zeigt für jeden Projektschwerpunkt das entsprechende durchschnittliche Tätigkeitsprofil, wobei die Kategorie "sonstiger Projektschwerpunkt" mangels inhaltlicher Präzisierung nicht aufgenommen wurde. Der dem jeweiligen Schwerpunkt entsprechende Prozentwert des Tätigkeitsprofils wurde dabei gekennzeichnet.

Tabelle 23: Durchschnittliches Tätigkeitsprofil nach Projektschwerpunkt

	Dorfentwicklung n=40	Sozialbereich n=21	techn./handw. n=33	Gesundheit n=27	Landwirtschaft n=15	Schule n=41
Dorfentwicklung	38	8	5	2	4	3
Sozialbereich	9	61	1	8	2	4
techn./handwerkl. B.	11	5	70	5	7	5
Gesundheit	12	9	2	80	8	3
Landwirtschaft	16	4	2	0	61	2
Schule	8	11	17	4	17	71
sonstiges	6	2	3	1	1	12
gesamt (%)	100	100	100	100	100	100

Die größte Übereinstimmung zwischen Projektschwerpunkt und eigener Tätigkeit ist im Gesundheitsbereich zu finden, auf den durchschnittlich 80% entfallen. Im Gegensatz dazu steht der Bereich Dorfentwicklung, mit einem durchschnittlichen Prozentwert von nur 38%, wobei zusätzlich eine größere Streuung der Prozentverteilungen festzustellen war. So gaben von den 40 Befragten, die als Projektschwerpunkt Dorfentwicklung nannten, fünf an, zu 100% und ebenso fünf, zu 0% in diesem Bereich tätig gewesen zu sein.

Generell kann gesagt werden, daß sich nur ein kleiner Teil der Befragten ausschließlich auf ein Tätigkeitsfeld konzentrieren kann. Noch deutlicher zeigt sich die Vielfältigkeit der Einsatztätigkeit, wenn zusätzlich der Beruf vor Einsatzbeginn in die Analyse miteinbezogen wird. Zur Illustration wird in der folgenden Abbildung das Tätigkeitsprofil der Lehrer, die schwerpunktmäßig im Schulbereich, also dem der Ausbildung adäquaten Einsatzfeld, eingesetzt waren, dem Tätigkeitsprofil, das aus den anderen Projektschwerpunkten resultiert, gegenübergestellt.

Abbildung: 10: Tätigkeitsprofile und Einsatzbereiche von Lehrern

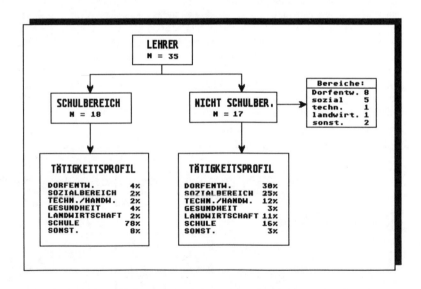

Es scheint doch etwas überraschend, daß fast die Hälfte der auf Einsatz gewesenen Lehrer nicht in einem Projekt mit schulischem Schwerpunkt tätig war und daß bei dieser Gruppe die Einsatzarbeit weitgehend durch Tätigkeiten in schulfremden Bereichen gekennzeichnet ist. Dieses Faktum ist aber nicht auf den Lehrberuf beschränkt, auch bei Facharbeitern zeigt sich ein ganz ähnlicher Trend. Nur 13 von 24 gaben an, in einem Projekt mit technisch/handwerklichem Schwerpunkt gearbeitet zu haben, wobei auch hier wieder deutliche Unterschiede zwischen den durchschnittlichen Tätigkeitsprofilen ersichtlich sind (Tätigkeitsprofil: 77% technisch/handwerklicher Bereich bei gleichlautendem Projektschwerpunkt; 23% bei nicht technisch/handwerklichen Projekten).

Zusätzlich wurde noch gefragt, durch welche Funktion bzw. Funktionen der Haupttätigkeitsbereich im Projekt bestimmt war. Folgende Auflistung zeigt die Anzahl der Nennungen, wobei Mehrfachnennungen möglich waren:

- beratend/instruierend 162 Nennungen (80%)
- lehrend 159 " (79%)
- ausführend 133 " (66%)
- leitend 98 " (49%)
- Management, Verwaltung 85 " (43%)
- forschend 36 " (18%)

Die meist hohen Prozentwerte zeigen deutlich, daß die Einsatzarbeit in der Regel nicht nur durch die Tätigkeit in verschiedenen Bereichen, sondern auch durch die Ausübung verschiedener Rollen innerhalb des Haupteinsatzfeldes charakterisiert werden kann. Nur 10% der Befragten gaben an, nur in einer Funktion tätig gewesen zu sein, über 45% kreuzten mehr als drei der vorgegebenen Kategorien an. Mit Ausnahme der Kategorie "forschend" zeigten sich keine wesentlichen Unterschiede zwischen den Befragten der beiden Organisationen. In dieser Kategorie waren mit 30% die IIZ-Rückkehrer deutlich überrepräsentiert (ÖED: 15%).

Beim Versuch einer Interpretation dieser Zahlen berührt man sehr rasch Grundprobleme der personellen Entwicklungshilfepolitik. So ist es vor dem Hintergrund der meist sehr komplexen Probleme in den Einsatzregionen eine Binsenweisheit, daß es für Entwicklungshelfer sehr schwer möglich ist, sich auf ein Tätigkeitsfeld, das zudem noch der eigenen Ausbildung entsprechen soll, bzw. auf eine bestimmte Rolle zu konzentrieren, wobei hier die Frage ausgespart werden soll, ob dies überhaupt wünschenswert ist.[1] Hält man sich jedoch die bei uns typische, zum Spezialistentum führende Ausbildungs- und Arbeitssituation vor Augen, wird deutlich, welche Anforderungen an die Entwicklungshelfer gestellt werden und welche Bedeutung der Auswahl und Vorbereitung künftiger Entwicklungshelfer zukommt (oder zukommen sollte). Dazu kommt noch die Schwierigkeit für die Entsendeorganisationen, die ja nur aus einem relativ geringen Potential an Interessenten schöpfen können, für Projekte, die meist eine die Dauer eines Einwicklungshilfeeinsatzes übersteigende Laufzeit aufweisen, geeignetes Nachfolgepersonal zu finden. Dies

---

[1] Breiten Raum nimmt diese Problematik in den beiden, auch im Rahmen des Forschungsprojektes "Theorie und Praxis der projektbezogenen Entwicklungshilfe Österreichs" durchgeführten Projektstudien in Zimbabwe und Kenia ein. - Siehe FREMD/HEMEDINGER/OBERKOGLER 1990 und HEMEDINGER/NEMELLA/OBERKOGLER 1989.

spricht einmal mehr für die Notwendigkeit der regionalen und inhaltlichen Konzentration der in der personellen Entwicklungshilfe eingesetzten Mittel.

8.4 Projektorganisation

Wenn es darum geht, **generelle** Ziele der Entwicklungshilfe zu postulieren, wird meist auf das Schlagwort der Hilfe zur Selbsthilfe zurückgegriffen. Da es fast in jeder einschlägigen Publikation zu finden ist, kann auf Literaturhinweise verzichtet werden, wobei manchmal auch vor einem zu unkritischen Gebrauch dieses Slogans gewarnt wird (z.B. SOLLICH 1984: 34; DIRMOSER 1991: 65; EID/ENGEL 1987: 13ff.). Umgelegt auf den Bereich der Projektpolitik müßte dies bedeuten, sich über kurz oder lang selbst überflüssig zu machen, indem einheimische Kräfte die Funktionen der ausländischen Entwicklungshelfer übernehmen. Damit wird ein Kernproblem der projektorientierten Entwicklungshilfe angesprochen - die **Lokalisierung**. Im gebotenen Rahmen dieser Arbeit ist eine Auseinandersetzung mit dieser Problematik nicht möglich.[1] Es sei nur der Hinweis gestattet, daß diese Zielvorstellung das ganze Spektrum der Projektpolitik bestimmen sollte, von der Planung, Auswahl der Projektträger, Ausbildung der in- und ausländischen Mitarbeiter bis zum Bereich des sozio- kulturellen Umfeldes des Projektgebietes und den Bedürfnissen der dort lebenden Bevölkerung. Dies mag zwar als Gemeinplatz erscheinen, doch zeugt eine Vielzahl von "Entwicklungsruinen" von gescheiterten Lokalisierungsversuchen. Eine zu eurozentristisch orientierte Projektpolitik kann dann dazu führen, was ein Entwicklungsexperte wie folgt beschreibt: *"Es ist, als ob du einen, der gerade den Führerschein für Mofas hat, hinter das Steuer eines Vierzig-Tonnen-Lasters setzt und ihm sagst: Nun fahr mal weiter."* (SOLLICH 1984: 105).

Bei der Befragung haben wir uns auf die Frage beschränkt, in welchem Stadium sich die Projekte befunden haben und damit in engem Zusammenhang stehend, wann mit der Projektarbeit begonnen wurde.

Zum **Projektstadium** wurden 5 Kategorien vorgegeben, die Prozentverteilung der Antworten zeigt folgendes Bild:

- Projekt befand sich im Aufbau 49%
- laufendes Projekt wurde weitergeführt 36%
- bestehendes Projekt befand sich in Umgestaltung 11%
- Projekt stand vor dem Abschluß 4%

Die Kategorie *"Projekt wurde abgeschlossen und ein neues wurde begonnen"* wurde nur einmal genannt.

---

[1] Ausführlicher wird auf die Problematik der Lokalisierung in den beiden erwähnten Projektstudien in Zimbabwe und Kenia eingegangen.

Der relativ hohe Wert für Projekte im Aufbau bzw. der niedrige Prozentwert für Projekte vor dem Abschluß deuten vordergründig auf eine eher kurze Projektlaufzeit hin. Schaut man sich aber an, in welchem Jahr die Projekttätigkeit aufgenommen wurde, ergibt sich allerdings ein etwas anderes Bild. Da die **Projektlaufzeit** notwendigerweise nur im Zusammenhang mit dem Jahr der Rückkehr beurteilt werden kann, zeigt folgende Tabelle die Verteilung des Projektbeginnes getrennt nach Rückkehrjahr, wobei jeweils zwei Jahrgänge zusammengefaßt wurden.

Tabelle 24: Projektbeginn nach Jahr der Rückkehr (in Prozent)

		1982-83 (n=45)	1984-85 (n=73)	1986-87 (n=79)	Gesamt (n=197)
Projektbeginn	1980 u. später	22.2	42.5	62.0	45.7
	zw. 1975 u. 1979	37.8	24.7	8.9	21.3
	zw. 1970 u. 1974	20.0	20.5	12.7	17.3
	vor 1970	17.8	9.6	13.9	13.2
	weiß nicht	2.2	2.7	2.5	2.5
		100%	100%	100%	100%

Mehr als 30% der Befragten waren in Projekten beschäftigt, die vor 1975 begonnen wurden und, was besonders bemerkenswert erscheint, noch immer mehr als ein Viertel der Befragten der Rückkehrjahrgänge 1986 und 1987, für die ja diese Projekte bereits eine Laufzeit von mind. 10-15 Jahre aufweisen. Zieht man zusätzlich noch in Betracht, daß nur 8% derjenigen, die in einem vor 1970 begonnenen Projekt tätig waren, angeben, daß das Projekt vor dem Abschluß stand, zeigt sich, daß ein nicht unwesentlicher Teil der Projekte durch eine relativ lange Laufzeit gekennzeichnet ist. Inhaltlich sind die vor 1970 begonnenen Projekte überwiegend den Bereichen Dorfentwicklung (44%) und Gesundheit (24%) zuzuordnen.

Da sich sowohl der ÖED als auch das IIZ in erster Linie als Personalentsendeorganisationen verstehen und nur selten selbst als Projektträger im Einsatzland in Erscheinung treten (z.B. Koordinatorenstellen in den Schwerpunktländern/ÖED), wurde auch nach den **lokalen Projektträgern** gefragt.

Tabelle 25: Lokale Projektträger (in Prozent)

	IIZ (n=43)	ÖED (n=158)	Gesamt (n=201)
Kirche	20.9	54.4	47.3
staatl. Institution	39.5	19.6	23.9
Kirche und Staat	9.3	8.2	8.5
private Institution	23.3	8.9	11.9
Staat u. private Inst.	2.3	3.8	3.5
sonstige	4.7	5.1	4.9
	100%	100%	100%

Diese Tabelle zeigt deutliche Unterschiede zwischen den beiden Organisationen hinsichtlich der Auswahl der Partner in den Einsatzländern, obwohl sich beide Organisationen als kirchlich verstehen und sich in ihrer Einsatzpolitik nicht grundsätzlich unterscheiden. So werden seitens des ÖED kirchliche Projektpartner bevorzugt (54% der befragten ÖED-Rückkehrer waren in solchen Projekten beschäftigt), seitens des IIZ wird eher mit staatlichen und privaten Partner zusammengearbeitet (40% und 23%). Ein Grund dafür liegt sicherlich auch in den unterschiedlichen regionalen und inhaltlichen Schwerpunkten. So waren 18% der Befragten, die in einem Projekt mit kirchlichem Träger tätig waren, in der Zentralafrikanischen Republik und 16% in Papua Neuguinea auf Einsatz, beides Länder, in denen ausschließlich der ÖED engagiert ist. Auch die politische Situation der einzelnen Länder und damit zusammenhängend die staatlichen Prioritätensetzungen sind für die Entwicklungszusammenarbeit bedeutsam. Zu nennen wären hier vor allem Nicaragua und Zimbabwe, wo 86% bzw. 42% der in diesen Ländern tätig gewesenen Entwicklungshelfer staatliche Institutionen als Projektträger angaben. Hinsichtlich der Projektschwerpunkte tritt die Kirche vor allem im Bereich "Dorfentwicklung" als Projektträger auf, staatliche Institutionen sind eher im technisch/handwerklichen und im schulischen Bereich als Projektträger tätig.

Als Indikator für die **Projektgröße** diente die Frage nach der Anzahl der einheimischen Mitarbeiter und der Anzahl weiterer Enwicklungshelfer im Projekt. Auch dabei zeigte sich einmal mehr die Vielfältigkeit der Einsatzprojekte. Mehr als 50 einheimische Mitarbeiter wurden von 13 Befragten angegeben, wobei 7 von ihnen sogar eine Zahl von über 100 nannten. Auf der anderen Seite waren 17 Befragte in Projekten mit keinem oder nur einem einheimischen Mitarbeiter tätig. Zusammengefaßt in Kategorien ergab sich folgendes Bild:

- kein einh. Mitarbeiter	6	Nennungen	(3%)
- 1-2 " "	39	"	(20%)
- 3-5 " "	48	"	(24%)
- 6-10 " "	42	"	(21%)
- 11-50 " "	49	"	(25%)
- 50+ " "	13	"	(7%)

Keine statistisch signifikanten Unterschiede waren bei der Projektgröße hinsichtlich der Entsendeorganisation und des Einsatzlandes festzustellen. Ein Vergleich der Ridits zeigt aber einen signifikanten Zusammenhang zwischen der Mitarbeiteranzahl und dem Projektschwerpunkt bzw. -träger. Weniger einheimische Mitarbeiter als bei der Bezugsgruppe "Dorfentwicklung" (bei einem Signifikanzniveau von 90% der Riditdifferenzen) waren im *Sozialbereich* beschäfigt, signifikant mehr im *technisch/handwerklichen Bereich* und im *Gesundheits-* und *Schulbereich*. Ebenso waren in Projekten mit einer *staatlichen Institution* als Projektträger signifikant mehr einheimische Mitarbeiter tätig als in *kirchlichen* Projekten.

Eine erwartungsgemäß sehr viel geringere Streuung zeigt sich bei der Anzahl weiterer Entwicklungshelfer im Projekt. Fast ein Viertel der Befragten gaben an, daß keine weiteren Entwicklungshelfer (auch anderer Organisationen) im Projekt tätig waren, 50% nannten eine Zahl bis zu zwei, weitere 20% hatten 3 bis 5 Entwicklungshelfer als Mitarbeiter und nur 5% eine darüber liegende Anzahl. Ein etwas anderes Bild als bei der Anzahl der einheimischen Mitarbeiter ergibt ein Ridit-Vergleich bei dieser Variablen. Wiederum ausgehend vom Projektschwerpunkt *"Dorfentwicklung"* waren bis auf den *Schulbereich* in allen anderen Bereichen signifikant weniger weitere Entwicklungshelfer beschäftigt. Im Gegensatz zur Anzahl der einheimischen Mitarbeiter war die Anzahl der mitarbeitenden Entwicklungshelfer bei staatlichen Projekten signifikant geringer als bei kirchlichen.

Die in diesem Abschnitt bislang ausgewerteten Fragestellungen betrafen in erster Linie die Rahmenbedingungen der eigentlichen Projektarbeit, die in der Folge wieder mehr ins Zentrum gerückt werden soll. Wie im letzten Abschnitt gezeigt wurde, wird von den Entwicklungshelfern ein hohes Ausmaß an Flexibilität sowohl bezüglich der Arbeitsbereiche als auch bezüglich der im Projekt zu spielenden Rolle verlangt. Da anzunehmen ist, daß diese Anforderungen doch etwas leichter zu bewältigen sind, wenn eine mehr oder weniger genaue Beschreibung des Tätigkeitsfeldes vorliegt, stellt sich die Frage, ob eine **Arbeitsbeschreibung** vorhanden war und wenn ja, wie zutreffend sich diese herausgestellt hat.

Insgesamt 16% der Befragten gaben an, daß keine derartige Beschreibung vorhanden war, wobei dieser Wert je nach Projektschwerpunkt, Projektträger und Einsatzland stark differiert. So konstatierten nur 2% der Befragten aus Dorfentwicklungsprojekten und 7% aus landwirtschaftlichen Projekten das Fehlen einer Arbeitsbeschreibung. Bei Sozialprojekten betrug der Prozentwert

36% und bei Schulprojekten immerhin noch 20%. Große Unterschiede zeigen sich auch hinsichtlich der Projektträger. Bei knapp 15% der in kirchlichen Projekten Tätigen fehlte eine Beschreibung, bei staatlichen Projekten war dies bei 29% der Fall. Wenig überraschend ist, daß vor allem den Befragten, die in Nicaragua und Zimbabwe auf Einsatz waren, keine schriftlichen Unterlagen zur Verfügung standen, weisen doch beide Länder einen besonders hohen Anteil an staatlichen Projekten auf. Die Prozentwerte für diese beiden Länder lauten 43% bzw. 33%. In der Zentralafrikanischen Republik lag allen Befragten eine Arbeitsbeschreibung vor und in Papua Neuguinea 92%. Keine signifikanten Unterschiede hinsichtlich des Vorliegens einer Arbeitsbeschreibung zeigten sich bei den Variablen Entsendeorganisation, Anzahl der Mitarbeiter und Projektlaufzeit. Bei den letzten beiden Variablen war dies doch etwas überraschend, da wir von der Vermutung ausgingen, daß bei größeren Projekten bzw. bei schon länger laufenden Projekten eher eine Beschreibung des Einsatzfeldes vorhanden ist.

Der Mehrzahl der Befragten (84%) lag allerdings eine Arbeitsbeschreibung vor. Es verbleibt noch die Frage zu beantworten, wie zutreffend sich diese herausstellte. Im großen und ganzen wurde eine positive Beurteilung abgegeben. 48% stellten eine *weitgehende*, 42% zumindest eine *teilweise* Übereinstimmung mit den tatsächlichen Gegebenheiten fest. Nur 10% beklagten, daß die ihnen vorliegende Arbeitsbeschreibung *gar nicht* zutreffend war.

Ein Kernproblem der gesamten Entwicklungshilfe besteht in der Frage der Überprüfbarkeit, d.h. der **Erfolgskontrolle** entwicklungspolitischer Maßnahmen. So wird oftmals der Vorwurf mangelnder Kontrollmöglichkeiten dazu verwendet, Entwicklungshilfeleistungen insgesamt in Frage zu stellen. Zwar zeigt ein Vergleich österreichischer Studien zum Thema Entwicklungshilfe eine zunehmende Akzeptanz in der Bevölkerung, mangelndes eigenes Engagement wird aber meist damit begründet, daß die Mittel nicht den Armen zugute kommen (KOLLAND 1989: 441 ff.). Auch eine Reihe von Experten (z.B. ERLER, MYRDAL) betonen bei ihrer Kritik an der Entwicklungshilfepraxis immer wieder diesen Punkt (vgl. KLEMP 1988: 59 ff.). Seitens der mit entwicklungspolitischen Maßnahmen befaßten Institutionen steht die Notwendigkeit überprüfender Maßnahmen außer Frage. Gerade in letzter Zeit wird diesem Bereich verstärktes Augenmerk geschenkt, sei es durch projektorientierte Vorstudien, Begleituntersuchungen, Evaluierungen etc. Da Kontrollmaßnahmen natürlich alle Ebenen, von der obersten staatlichen Entwicklungspolitik (siehe Abschnitt 2.3.: manche umstrittene Kreditvergabe könnte vielleicht so verhindert werden) bis zum einzelnen Projekt umfaßen (oder umfassen sollten), war dieser Bereich auch für unsere Untersuchung von Interesse. Da Kontrolle aber keinen Wert an sich darstellt, sondern sich nur durch die Art und Weise der Durchführung und durch die Zielrichtung positiv auswirken kann, wird deutlich, wie facettenreich und dadurch schwer erfaßbar diese Thematik ist. Deshalb hat sich die postalische Befragung der Rückkehrer auf die Frage beschränkt, ob eine Arbeitskontrolle stattfand bzw. wer dafür verantwortlich war.

Nur 17 Befragte (8%) gaben an, daß *niemand* für die inhaltliche Begleitung bzw. die Kontrolle der Einsatztätigkeit verantwortlich war. Bedingt durch die geringe Anzahl wurde auf weitere Analysen (eventuelle Zusammenhänge zwischen fehlender Kontrolle und Projektschwerpunkt, -träger usw.) verzichtet.

Zur Erfassung der kontrollierenden Instanzen wurden den Befragten folgende sechs Kategorien vorgegeben (Mehrfachnennungen möglich): *Projektträger* (97 Nennungen/48%), *staatliche Stellen im Einsatzland* (66/32%), *Projektleiter* (58/28%), *Koordinator* (46/23%), *Entsendeorganisation* (14/7%), *einheimische Persönlichkeiten* (9/4%), *sonstige* (20/10%). Es ist klar, daß die gezeigte Antwortverteilung in dieser Form nicht besonders aussagekräftig ist, da nicht alle Kontrollinstanzen für alle Befragten im gleichen Ausmaß relevant waren und deshalb getrennte Auswertungen nötig sind. Erkennbar ist aber die geringe Bedeutung der Entsendeorganisation als kontrollierende Instanz vor Ort, wobei dies für die ÖED-Befragten in deutlich höherem Ausmaß zutrifft. Nur für 4% dieser Gruppe war die Entsendeorganisation für die Arbeitskontrolle verantwortlich, hingegen für 16% der IIZ-Rückkehrer. Ein Grund dafür ist sicherlich darin zu suchen, daß in den Schwerpunktländern der ÖED durch Koordinatoren vertreten ist, die diese Kontrollfunktion ausüben können, während beim IIZ diese Funktion nicht besteht. Auch *einheimische Persönlichkeiten* wurden nur von wenigen Befragten als Kontrollinstanz angeführt. In der Kategorie *sonstige* wurden mehrfach genannt: Entwicklungshelfer, einheimische Bevölkerung, Kirchenvertreter.

Wie erwähnt, bezeichneten 48% der Befragten den *Projektträger* als für die Kontrolle der Tätigkeit verantwortlich, womit diese Kategorie die mit Abstand größte Anzahl von Nennungen aufweist. Da auch der Projektträger erhoben wurde (vgl. Tabelle 25), lag es auf der Hand, eine nach kirchlichen, staatlichen und privaten Trägern getrennte Auswertung vorzunehmen.

Tabelle 26: Kontrolle durch lokale Projektträger (in Prozent)

		Kirche (n=95)	staatliche Institution (n=48)	private Institution (n=24)	Gesamt (n=167)
Kontrolle	ja	52.6	29.2	58.3	46.7
	nein	47.4	70.8	41.7	53.3
		100%	100%	100%	100%

Die Mischformen in der Projektträgerschaft (z.B. Kirche und staatliche Stellen) wurden nicht berücksichtigt, da einerseits nur relativ wenige Befragte in derartigen Projekten beschäftigt waren und andererseits bei dieser Tabelle die Unterschiede zwischen klar zu identifizierenden Trägern im

Vordergrund stand. Anzumerken ist noch, daß sowohl bei kirchlichen als auch bei staatlichen und privaten Projektträgern immer Institutionen des Einsatzlandes gemeint sind. Deutlich erkennbar ist, daß bei kirchlichen und privaten Projekten der jeweilige Projektträger signifikant häufiger als Kontrollinstanz in Erscheinung tritt als bei staatlichen. Zwischen den unterschiedlichen Projektschwerpunkten waren keine erwähnenswerte Unterschiede bei der Kontrolle durch den Projektträger festzustellen.

32% der Befragten gaben an, daß *staatliche Stellen* für die Arbeitskontrolle verantwortlich waren, wobei sich signifikante Unterschiede hinsichtlich Projektträgerschaft und -schwerpunkt zeigten. So waren nur 2% der Befragten, die durch staatliche Stellen kontrolliert wurden, in privaten und nur 12% in kirchlichen Projekten beschäftigt. 64% hingegen hatten als Projektträger eine staatliche Institution. So kann der Schluß gezogen werden, daß, wenn staatliche Stellen überhaupt kontrollierend in Erscheinung treten, davon kaum kirchliche und private Projekte betroffen sind. Eine getrennte Betrachtung der einzelnen Projektschwerpunkte zeigt, daß vor allem Befragte, die im Gesundheitsbereich (52% - der in diesem Bereich Beschäftigten), im Schulbereich (44%) und im technisch/handwerklichen Bereich (39%) tätig waren, staatliche Stellen als Kontrollinstanz anführten. Im Gegensatz dazu stehen der Bereich Dorfentwicklung und der Sozialbereich mit 5% bzw. 18% der dort Beschäftigten.

Während auf die Bedeutung des Projektträgers und staatlicher Stellen für die Projektkontrolle aus der Häufigkeit der Nennungen geschlossen werden kann, ist dies beim *Projektleiter* und beim *Koordinator* nicht möglich. Bei den Nennungen dieser beiden Kategorien muß in Betracht gezogen werden, daß sie - im Gegensatz zu den beiden erstgenannten - nur für einen Teil der Befragten relevant sind. Deshalb führt ein direkter Vergleich der Nennungen zu einer **Unterschätzung** der Bedeutung des Projektleiters und des Koordinators als kontrollierende Instanz. Bleiben wir bei der Funktion des Koordinators. Diese Stelle existiert nur in ÖED-Schwerpunktländern, d.h. zum Befragungszeitpunkt in: Papua Neuguinea, Nicaragua und Zimbabwe (seit 1988 sind weitere Koordinatorenstellen in Ecuador und Uganda eingerichtet). Die Hälfte der ÖED-Ruckkehrer aus den genannten Ländern nannten den Koordinator als für die Arbeitskontrolle verantwortlich, womit dieser Instanz eine mit dem Projektträger vergleichbare Bedeutung im Bereich der Kontrolle zukommt.

Da für die Arbeitskontrolle im Projekt mehrere Stellen zuständig sein können und deshalb auch Mehrfachnennungen bei dieser Frage möglich waren, soll abschließend noch die Anzahl der genannten Kategorien gezeigt werden. Insgesamt 184 Befragte (92%) gaben an, bei ihrer Projekttätigkeit kontrolliert worden zu sein. Die Hälfte von ihnen nannte eine der sieben vorgegebenen Antwortmöglichkeiten als für die Kontrolle verantwortlich. Zwei Antwortkategorien wurden von 36% gewählt, 11% nannten drei Kategorien und 3% wurden von vier bzw. fünf verschiedenen Stellen kontrolliert.

Zum Abschluß des Bereiches *Projektorganisation* soll noch auf die Frage der **Entscheidungsfindung** im Projekt eingegangen werden, wobei die Reihung keinesfalls die Bedeutung dieses Bereiches im Rahmen der Einsatztätigkeit widerspiegeln soll.

Auf die Frage, welche Person(en) bei wichtigen Entscheidungen in der Projektarbeit in der Regel den Ausschlag gegeben haben, zeigte sich folgende Verteilung der Antworten:

- gemeinsame Teamentscheidungen   87 Nennungen (43%)
- Projektleiter/Vorgesetzter vor Ort   73   "   (36%)
- Projektträger   68   "   (33%)
- Entwicklungshelfer selbst   57   "   (28%)

Zusätzlich gaben noch 27 Befragte (13%) an, daß dies *von Fall zu Fall verschieden* war, 9 Nennungen betreffen die *Entsendeorganisation* (4%) und ebenfalls neunmal wurden weitere Entscheidungsträger angeführt. Betrachtet man die Summe der Nennungen, so wird ersichtlich, daß es vielen Befragten nicht möglich war, den **wichtigsten** Entscheidungsträger zu nennen. Fast ein Viertel der Rückkehrer kreuzten **zwei** der vorgegebenen Antwortkategorien an, 15% **drei und mehr.** Dies ist einmal mehr ein Indiz für die Komplexität des Arbeitsfeldes und - damit zusammenhängend - für die Vielfalt anfallender Entscheidungen.

Beträchtliche Unterschiede zeigen sich hinsichtlich der Entscheidungsträger bei einer nach Projektschwerpunkt getrennten Betrachtung. Um die einzelnen Projektarten besser vergleichen zu können, wird in der folgenden Abbildung die Gesamtzahl der Nennungen als Ausgangsbasis für die Prozentverteilung verwendet. Es wurden insgesamt 330 Nennungen (=100%) abgegeben, davon entfallen auf den Projektträger 21%, auf den Projektleiter 22%, auf die Kategorie "Entwicklungshelfer selbst" 17%, auf Teamentscheidungen 26% und auf sonstige Nennungen 14%. Die den einzelnen Projektarten entsprechenden Säulen sind gleichermaßen zu interpretieren.

Abbildung 11: Verteilung der Entscheidungsträger nach Projektschwerpunkt
(Prozentuierungsbasis: Gesamtzahl der Nennungen pro Bereich)

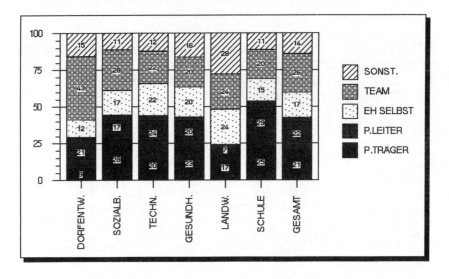

Die deutlichste Abweichung von der durchschnittlichen Verteilung ist im Bereich *Dorfentwicklung* festzustellen. Gemeinsame Teamentscheidungen sind bei dieser Projektart mit 43% der Nennungen besonders häufig zu finden. Auf der anderen Seite weisen im Vergleich zu allen anderen Projektschwerpunkten die Kategorien Projektträger und Entwicklungshelfer selbst den geringsten Nennungsanteil auf und sind somit als Entscheidungsträger von geringerer Bedeutung. Die Möglichkeit, eigene Entscheidungen zu treffen, ist vor allem im *landwirtschaflichen Bereich* gegeben. Der Projektleiter ist bei dieser Projektart als Entscheidungsträger weniger bedeutsam. Wenig überraschend sind die relativ geringen eigenen Entscheidungsmöglichkeiten im *Schulbereich* bzw. das überdurchschnittliche Gewicht des Projektleiters oder Vorgesetzten bei Entscheidungen, da dieser Bereich im Regelfall - strukturell bedingt - weniger Gestaltungsfreiheit ermöglicht und eine eher hierarchische Organisationsform aufweist.

Obwohl - wie an anderer Stelle erwähnt - der Projektträger und der Projektschwerpunkt nicht unabhängig voneinander zu betrachten sind (z.B. Dorfentwicklung fast ausschließlich kirchliche, Schule eher staatliche Projektträger), soll noch der Frage nachgegangen werden, ob sich die Entscheidungskompetenz hinsichtlich der Projektträger unterscheidet. Generell kann gesagt werden, daß Teamentscheidungen eher bei kirchlichen (50% der Befragten nannten diese Kategorie) und privaten Projekten (46%) zu finden sind. Bei Projekten mit staatlichem Projektträger waren es nur 27%. Bei diesen Projekten ist der Projektleiter als Entscheidungsträger von größerer Bedeutung als bei den anderen beiden. Keine erwähnenswerten Unterschiede zeigten sich bei der eigenen Entscheidungsmöglichkeit des Entwicklungshelfers und beim Projektträger als Entscheidungsinstanz.

8.5 Projektziele und -auswirkungen

Ziele der Entwicklungshilfe wurden in dieser Arbeit schon mehrfach angesprochen, sei es z.B. das quantitative Ziel von 0.7% des BNP der staatlichen Entwicklungshilfe, seien es eher qualitative programmatische Zielvorstellungen wie "Hilfe zur Selbsthilfe" oder "Hilfe für die ärmsten Bevölkerungsschichten". Ob diesen Zielen, die natürlich auch die Projektpolitik bestimmen, in den einzelnen Projekten entscheidend nähergekommen wurde, läßt sich allerdings nicht mittels einer standardisierten Befragung erheben. Die von uns im Rahmen der erwähnten Projektstudien durchgeführten Intensivinterviews und auch Erfahrungsberichte ehemaliger Entwicklungshelfer zeichnen oftmals aber ein eher kritisches Bild bei der Beschreibung der Diskrepanz zwischen idealistischen Projektzielen und der Projektrealität (z.B. HEIDMANN/PLATE 1987, DÜNKI 1987, ALEXANDER 1992, SOLLICH 1984).

Wie im vorangegangenen Abschnitt gezeigt wurde, ist das Spektrum der Entwicklungsprojekte außerordentlich breit, sowohl bezüglich der regionalen Streuung als auch bezüglich der Größe und der Arbeitsfelder. Da diese Vielfalt auch bei den spezifischen Projektzielen anzutreffen ist, haben wir darauf verzichtet, die genauen Einsatzziele zu erheben. Die Frage, ob überhaupt genau definierte Projektziele im betreffenden Einsatzprojekt bestanden, wurde von 91% der Befragten bejaht, wobei - als offene Frage - noch angeführt werden konnte, **wer** für die Zieldefinition verantwortlich war. Etwa gleich oft wurden dabei angeführt: Projektträger oder -leiter, Entsendeorganisation, Entwicklungshelfer; etwas weniger Nennungen wiesen auf: staatliche Einrichtungen, einheimische Mitarbeiter. Eine genaue Auszählung erwies sich als wenig zielführend, da in etwa zwei Drittel der Antworten Kombinationen der genannten Personen und Institutionen angeführt wurden. Sehr selten (4x) wurde die einheimische Bevölkerung genannt, was den Schluß zuläßt, daß diese bei der Zieldefinition wenig Gehör findet.

Die Projektrealität ist als dynamischer Prozeß anzusehen, wo sich Anforderungen, Arbeitsfelder, Rahmenbedingungen usw. und natürlich auch die Projektziele im Laufe der Zeit (bedingt durch eine Vielfalt von Gründen, z. B. durch unterschiedliche Vorstellungen nachfolgender Entwicklungshelfer, durch geänderte Erwartungen seitens der Zielgruppe oder des Projektträgers) verändern können. Mehr als 53% der Befragten konstatierten eine **Änderung der Projektziele** während ihrer Einsatztätigkeit. Diese wurde ausgelöst durch *Gegebenheiten vor Ort* (54%), durch *Sachzwänge* (29%), durch die *Bevölkerung* (28%), durch den *Entwicklungshelfer* selbst (25%), durch den *Projekt-*

träger (16%) und durch *sonstige Gründe* (23%). Durch Mehrfachnennungen ist die Prozentsumme größer als 100%. Keine signifikanten Unterschiede zeigten sich bei dieser Variable hinsichtlich des Projektschwerpunktes, des Projektträgers und der Projektlaufzeit. Dies erscheint vor allem bei der letztgenannten Variable etwas überraschend, da davon ausgegangen wurde, daß es bei längeren Laufzeiten eher zu Zieländerungen kommen würde.

Auf die Frage, ob die (eventuell geänderten) **Projektziele errreicht** wurden, antworteten 13% der Befragten mit *nein*, 56% mit *ja, zum Teil* und 31% mit *ja, zum Großteil*. Die Projektarbeit wird also von den Befragten überwiegend als positiv eingeschätzt, zumindest was die Erreichung der vorgegebenen Zielvorstellungen betrifft. Als wie gelungen oder als wie erfolgreich die Projekte nun anzusehen sind, diese Frage kann - wie eingangs erwähnt - durch diese Untersuchung nicht beantwortet werden. Das kann nur von Projektevaluierungen geleistet werden, in denen einerseits die Projektziele der Situation vor Ort gegenübergestellt werden und andererseits auch die Sichtweise der einheimischen Bevölkerung miteinbezogen wird (vgl. dazu z.B. SCHUBERT et al.: 1984). Die Befragten der beiden Entsendeorganisationen unterschieden sich kaum bei dieser Frage. Auch die Projektlaufzeit und der Projektträger haben keinen Einfluß auf die Einschätzung der Zielerreichung. Gewisse Unterschiede zeigten sich allerdings zwischen den einzelnen Projektschwerpunkten, die allerdings meist unter der statistischen Signifikanzgrenze von 90% liegen. Die positivste Einschätzung ist im Schulbereich feststellbar, wo nur 5% angaben, daß das Ziel *nicht* erreicht wurde, hingegen 41% der Meinung waren, das Projektziel *zum Großteil* erreicht zu haben. Im technisch/handwerklichen Bereich ist mit 19% der Anteil derjenigen, die angaben, daß das Ziel *nicht* erreicht wurde, am höchsten.

Jedes Entwicklungsprojekt wird mit einer Fülle von **Erwartungen** konfrontiert: einerseits mit bestehenden seitens staatlicher Stellen und der Projektträger, andererseits - seitens der einheimischen Bevölkerung - mit vielfach erst durch die Projekttätigkeit geweckten. Diese Erwartungen sind, abhängig von der Interessenslage, vielfach in sich widersprüchlich und/oder gehen nur teilweise konform mit den Absichten der Projektinitiatoren.[1] Um auch diese Problematik anzuschneiden, haben wir gefragt, welche Erwartungen, nach Ansicht der Befragten, die lokalen Projektträger mit dem Projekt verknüpften. Dabei gaben wir folgende Antwortmöglichkeiten vor: *Prestigegewinn, Erschließung einer Geldquelle, Zugang zu "Know How", Aktivierung der Bevölkerung, sonstige Erwartungen*. Abhängig vom Projektschwerpunkt bzw. vom Projektträger zeigte die Antwortverteilung ein sehr unterschiedliches Bild. Deshalb werden in der folgenden Übersicht zusätzlich zu den gesamten Nennungen pro Antwortkategorie die beiden Schwerpunkte mit dem höchsten (auf der linken Seite) und mit dem niedrigsten Nennungsanteil (rechts) an-

---

[1] Sehr pointiert setzt sich BRAUN (1992: 133ff.) mit dem Verhältnis zwischen "Zielgruppe" und "Experten" auseinander, wobei speziell auch auf die unterschiedlichen Erwartungen beider Seiten eingegangen wird.

geführt. Ebenso wird der Projektträger mit dem höchsten bzw. dem niedrigsten Wert getrennt ausgewiesen.

Aktivierung der Bevölkerung
115 Nennungen (57%)

Dorfentwicklung (85%)	Schule (37%)
Sozialbereich (82%)	Gesundheit (41%)
Kirche (68%)	Staat (29%)

Zugang zu "Know How"
72 Nennungen (36%)

Schule (49%)	Sozialbereich (0%)
Techn./handwerklicher Bereich (48%)	Dorfentwicklung (15%)
Staat (50%)	Kirche (21%)

Prestigegewinn
50 Nennungen (25%)

Landwirtschaft (67%)	Dorfentwicklung (15%)
Sozialbereich (36%)	Schule (17%)
Private Institution (38%)	Staat (15%)

Erschließung einer Geldquelle
48 Nennungen (24%)

techn./handwerklicher Bereich (39%)	Schule (15%)
Gesundheit (30%)	Dorfentwicklung (17%)
Staat (29%)	private Institution (17%)

Ein beträchtlicher Teil der Befragten (36%) führten in der Kategorie *sonstiges* eine breite Palette weiterer Erwartungen an, die, ihrer Meinung nach, von den lokalen Projektträgern mit der Projekttätigkeit verbunden wurden. Mehrfach genannt wurden dabei: *medizinische Hilfe, Ausbildungshilfe,* aber auch Entwicklungshelfer als *billige Arbeitskräfte.*

Es liegt auf der Hand, daß das Auseinanderklaffen von Erwartungen auf der einen Seite und den vorgegebenen Projektzielen und damit den Handlungsmöglichkeiten der Entwicklungshelfer auf der anderen Seite ein Konfliktpotential in sich birgt, das im günstigsten Fall die Arbeit erschweren, im schlechtesten Fall das Projekt zum Scheitern bringen kann. Wobei nochmals daran erinnert werden soll, daß nicht nur der lokale Projektträger (den wir beispielhaft herausgegriffen haben) bestimmte Erwartungen hegt, sondern insbesondere auch die Zielgruppe des Projektes, d.h. die dort lebende Bevölkerung, die aber wiederum auch eine heterogene Gruppe mit unterschiedlichen Interessenslagen darstellt. Selbstverständlich soll nun dieser aus den unterschiedlichen Erwartungen entstehende Konflikt nicht als ein den reibungslosen Ablauf des Projektes gefährdender Störfaktor angesehen werden. Man muß sich nur vorstellen, die einheimische Bevölkerung verbindet keinerlei Erwartungen mit dem Entwicklungsprojekt - welche Rückschlüsse auf die Akzeptanz würde dies zulassen? Vielmehr soll einmal mehr dafür plädiert werden, den Grundsatz der Partizipation ernst zu nehmen, d.h. die Einbeziehung der Erwartungen und Bedürfnisse **aller** projektbeteiligten Gruppen in den Prozeß der Projektplanung und der Zieldefinition.

Nachdem bereits auf einen Faktor eingegangen wurde, der in der Projektarbeit Schwierigkeiten bereiten kann, soll in der Folge auf diese Problematik genauer eingegangen werden. Zur Erfassung der **Schwierigkeiten**, die bei der Einsatztätigkeit auftreten können, wurden 17 Statements vorgegeben, wobei bei jedem anzugeben war, in welchem Ausmaß es auf die eigene Arbeit zutraf. In der folgenden Tabelle sind die einzelnen Aussagen mit der dazugehörigen Prozentverteilung aufgelistet. Es wurde eine Reihung nach dem Mittelwert vorgenommen, d.h. die am häufigsten zutreffende Aussage steht an erster Stelle usw.

Tabelle 27: Schwierigkeiten bei der Projektarbeit (zeilenweise prozentuiert)

	trifft stark zu	trifft zu	trifft kaum zu	trifft nicht zu
Differenzen zwischen eigenen Zielvorstellungen und denen des Projektträgers	9.0	27.4	33.8	29.8
Arbeitsüberforderung	5.0	23.1	39.2	32.7
Mangel an benötigten Sachgütern	7.0	24.5	30.0	38.5
Mangelnde Mitarbeit der Bevölkerung	3.5	24.9	34.8	36.8
Ausbildung entsprach nicht den Erfordernissen	5.0	17.8	36.6	40.6
Mangel an finanzieller Ausstattung des Projektes	5.4	18.7	31.5	44.3
Unterschiede in den Arbeitsauffassungen zwischen den Entwicklungshelfern	7.6	19.7	20.2	52.5
Verständigungsprobleme mit der Bevölkerung	3.5	15.9	37.3	43.3
Unterschiedliche Zielvorstellungen bei den im Projekt arbeitenden Entwicklungshelfern	6.0	17.7	24.8	51.5
Tätigkeit entsprach nicht den Erwartungen	7.9	12.3	28.1	51.7
Eingriffe staatlicher Stelles des Einsatzlandes	3.0	19.0	26.0	52.0
Gefährdung der persönlichen Sicherheit in der Projektregion	5.5	14.4	23.4	56.7
Isolation/Einsamkeit	2.9	11.4	32.7	53.0
Persönliche Anpassungsprobleme in der fremden Umgebung	2.0	9.0	35.3	53.7
Familiäre Probleme/Partnerprobleme	3.0	11.5	19.5	66.0
Eigene gesundheitliche Probleme	4.9	7.4	19.6	68.1
Selbständiges Arbeiten war nur schwer möglich	3.5	7.9	22.4	66.2

Schon ein erster Blick auf diese Auflistung zeigt, daß strukturell bedingte Schwierigkeiten bzw. Probleme, die sich aus der Arbeitssituation ergeben, von den Befragten viel häufiger als zutreffend angeführt wurden als solche, die die persönliche Situation betreffen. Da aber davon auszugehen ist, daß die einzelnen Aussagen je nach Projektschwerpunkt, Einsatzland, Projektträger usw. in unterschiedlichem Ausmaß zutreffen, ergibt sich die Notwendigkeit einer differenzierteren Analyse. Bei den folgenden Auswertungen und Interpretationen werden die Kategorien *trifft stark zu* und *trifft zu* zur Kategorie *zutreffend* und *trifft kaum zu* und *trifft nicht zu* zur Kategorie *nicht zutreffend* zusammengefaßt.

Welche Bedeutung dem bereits erwähnten Konflikt zwischen unterschiedlichen Zielvorstellungen zukommt, ist daran erkennbar, daß er von 36% der Befragten als zutreffend angeführt wurde und damit die Reihung der arbeitsbehindernden Schwierigkeiten anführt. Es wurde ja schon darauf hingewiesen, daß in der Existenz unterschiedlicher Erwartungen ein Grund für diesen Zielkonflikt zu suchen ist. In der folgenden Abbildung soll dies durch die Verbindung der beiden Variablen *Erschließung einer Geldquelle* (als Erwartung des lokalen Projektträgers) und *Differenzen zwischen Zielvorstellungen* exemplarisch illustriert werden.

Abbildung 12: Zusammenhang zwischen "Erschließung einer Geldquelle" und "Differenzen zwischen Zielvorstellungen" (Angaben in Prozent)

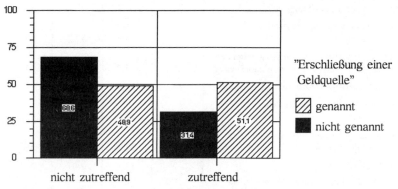

Hier zeigt sich deutlich, daß derartige Differenzen häufiger anzutreffen sind, wenn seitens der Projektträger finanzielle Erwartungen im Vordergrund stehen. Mehr als die Hälfte der befragten Rückkehrer, die diese Erwartung des Projektträgers nannten, bezeichneten das Bestehen unterschiedlicher Zielvorstellungen als *zutreffend*, während für 69% der Befragten, die diese Erwartung nicht anführten, auch diese Differenzen *nicht zutreffend* waren.

Die Schwierigkeiten bei der Projektarbeit sind aber nicht nur die Folge bestimmter Einflußgrößen, sondern haben ihrerseits auch Auswirkungen auf die Erreichung der Projektziele. Eine Pfadanalyse (als Auswertungsverfahren zur Analyse von Kausalstrukturen) verdeutlicht diesen Zusammenhang am Beispiel der bereits erwähnten Variablen, wobei die dargestellten standardisierten Regressionskoeffizienten ein Signifikanzniveau von mindestens 95% erreichen.

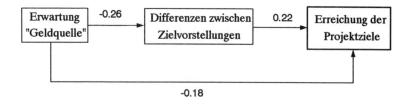

Besteht also die Erwartung "Erschließung einer Geldquelle", dann treten signifikant häufiger Differenzen zwischen Zielvorstellungen auf und dies führt zu einer signifikant geringeren Erreichung von Projektzielen, wobei die Erwartung "Geldquelle" auch einen direkten negativen Einfluß auf die Zielerreichung aufweist.

Ein signifikanter Zusammenhang zwischen Schwierigkeiten und Zielerreichung zeigt sich nicht nur bei dem ausgewählten Beispiel, sondern bei 9 der vorgegebenen 17 Statements (vgl. Tabelle 27), wobei diese Aussagen nicht nur Schwierigkeiten umfassen, die direkt mit der Einsatztätigkeit in Verbindung stehen (z.B. *unterschiedliche Arbeitsauffassungen und Zielvorstellungen der Entwicklungshelfer*), sondern auch solche, die persönliche Probleme (z.B. *gesundheitliche und familiäre Probleme*) betreffen.

Eine nach **Projektschwerpunkten** differenzierte Auswertung der einzelnen Aussagen ergab kaum signifikante Unterschiede in der Antwortverteilung, d.h. das Auftreten bzw. Nichtauftreten der arbeitsbehindernden Schwierigkeiten ist weitgehend unabhängig von der Art des Projektes. Ausnahmen stellen die Aussagen: *Unterschiede in den Arbeitsauffassungen zwischen den Entwicklungshelfern, Arbeitsüberforderung* und *Isolation/Einsamkeit* dar. Über unterschiedliche Arbeitsauffassungen beklagen sich vor allem Befragte aus dem Bereich Dorfentwicklung (40% zutreffend). Arbeitsüberforderung wurde von Befragten aus technisch/handwerklichen und landwirtschaftlichen Projekten (10% bzw. 13% zutreffend) deutlich seltener als in allen anderen Bereichen angeführt (31% - 33% zutreffend), Isolation und Einsamkeit war für 24% der Befragten aus Dorfentwicklungsprojekten und für 23% aus Sozialprojekten zutreffend, während die Vergleichszahlen im Bereich Landwirtschaft und Schule nur 7% bzw. 5% betragen.

Ein verstärktes Auftreten von Schwierigkeiten, die die Rahmenbedingungen der Einsatzarbeit betreffen, ist bei **staatlichen Projektträgern** festzustellen. Befragte aus diesen Projekten klagten signifikant häufiger über einen *Mangel an benötigten Sachgütern*, über eine *mangelnde finanzielle Ausstattung* und über *Eingriffe staatlicher Stellen des Einsatzlandes*. Aber auch Aussagen zur konkreten Arbeit im Projekt (*Tätigkeit entsprach nicht den Erwartungen, selbständiges Arbeiten nur schwer möglich*) wurden von dieser Befragtengruppe signifikant häufiger als zutreffend bezeichnet.

Zu den Ergebnissen im Detail:
- *Ein Mangel an Sachgütern:* 55% der Befragten aus staatlichen Projekten führten diese Aussage als zutreffend an, bei kirchlichen und privaten Projektträgern beträgt der Prozentsatz 27% bzw. 21%.
- *Mangelnde finanzielle Ausstattung:* Staat 42%, private Projektträger 21%, Kirche 15%.
- *Eingriffe staatlicher Stellen:* Staat 28%, private Träger 13%, Kirche 5%.
- *Tätigkeit entsprach nicht den Erwartungen:* Staat 33%, private Träger 25%, kirchliche Projektträger 17%.
- *Selbständiges Arbeiten war nur schwer möglich:* Staat 28%, private Träger 13%, Kirche 5%.

Kirchliche Projektträger dürften also bei ihren Projekten durchwegs über mehr Ressourcen verfügen als dies bei staatlichen Trägern der Fall ist. Das weitgehende Fehlen staatlicher Eingriffe bei diesen Projekten (vgl. dazu auch den Abschnitt über die Kontrolle der Projektarbeit) ermöglicht ein selbständigeres Arbeiten, was wiederum eine der Ursachen dafür ist, daß die Einsatztätigkeit eher den Erwartungen entspricht. Allerdings sei daran erinnert, daß bezüglich der Zielerreichung zwischen kirchlichen und staatlichen Projektträgern kein signifikanter Unterschied besteht.

Da nicht anzunehmen ist, daß alle angeführten Schwierigkeiten in den verschiedenen Einsatzländern im selben Ausmaß arbeitsbehindernd wirken, wurden die einzelnen Aussagen auch nach Einsatzländern getrennt ausgewertet. Vorwegnehmend kann gesagt werden, daß bei einer ganzen Reihe von Aussagen beträchtliche länderspezifische Unterschiede zutage treten.

Befragte, die in **Nicaragua** und **Kenia** auf Einsatz waren, beklagten sich deutlich häufiger über den *Mangel an Sachgütern* (75% bzw. 62% zutreffend) und über die *mangelhafte finanzielle Ausstattung* des Projektes (45% bzw. 47%) als Befragte, die in anderen Ländern tätig waren. Besonders niedrige Werte bei diesen beiden Aussagen zeigen sich für Papua Neuguinea (10% und 18%) und für die Zentralafrikanische Republik (12% und 0%!). Die Hauptschwierigkeit in den beiden letztgenannten Ländern liegt in der *mangelnden Mitarbeit der Bevölkerung* (**Papua Neuguinea** 54% und **Zentralafrikanische Republik** 44% zutreffend). *Eingriffe staatlicher Stellen* werden vor allem von ehemaligen Entwicklungshelfern in **Nicaragua** angeführt (33%), während in der Zentralafrikanischen Republik, in Kenia und Ecuador kein einziger (!) Befragter diese Aussage als zutreffend bezeichnete. Eine weitere, ebenfalls vor allem auf **Nicaragua** zutreffende, Aussage war: *Selbständiges Arbeiten war nur schwer möglich.* (41%). Der vergleichbare Wert in den anderen Einsatzländern bewegt sich zwischen 5% und 10%. In ihrer *persönlichen Sicherheit gefährdet,* sahen sich 39% in **Nicaragua**, aber auch 33% in **Papua Neuguinea**. Diese Zahlen zeigen deutlich, daß die Befragten, die in Nicaragua auf Einsatz waren, durchwegs mit besonders großen Schwierigkeiten bei ihrer Projektarbeit konfrontiert waren. Dies kann unter anderem auch eine Ursache dafür darstellen, daß diese Befragtengruppe überdurchschnittlich oft auch *familiäre Probleme bzw. Partnerprobleme* als zutreffend anführten (39%).

Entgegen der Annahme, daß Schwierigkeiten struktureller Art verstärkt in der Anfangsphase eines Projektes auftreten und mit zunehmender Laufzeit eine abnehmende Tendenz zeigen, konnte kein signifikanter Zusammenhang zwischen dem **Projektstadium** und weitgehend auch keiner zwischen der **Projektlaufzeit** und dem Auftreten von Schwierigkeiten bei der Projektarbeit festgestellt werden. Eine Ausnahme bilden die Aussagen: *Mangel an benötigten Sachgütern* und *Mangel an finanzieller Ausstattung*. Je länger die Projekte bestehen, umso weniger treffen die beiden Aussagen zu. So klagten z.B. nur 4% der Befragten aus den vor 1970 begonnenen Projekten über den Sachgütermangel. Bei den nach 1980 gestarteten Projekten bezeichneten 39% diese Aussage als zutreffend.

Ein Blick auf die Vergleichsstudie aus dem Jahre 1978 zeigt, daß die Befragten beider Untersuchungen weitgehend mit den gleichen Schwierigkeiten bei ihrer Projekttätigkeit zu kämpfen hatten (SCHOLTA/ZAPOTOCZKY 1978: 53). Wie aus der Tabelle 27 ersichtlich ist, bestand das Hauptproblem der Befragten in *Differenzen zwischen eigenen Zielvorstellungen und denen des Projektträgers*. Obwohl bei der damaligen Befragung diese Frage in offener Form, also ohne Antwortvorgaben, gestellt wurde, führten 28% der Befragten mit *Schwierigkeiten mit der Projektleitung* ein in etwa vergleichbares Problem als Hauptschwierigkeit an. Schwierigkeiten mit dem Missionspersonal, Differenzen bei der Arbeitsauffassung unter den Entwicklungshelfern, Schwierigkeiten mit Einheimischen und finanzielle Probleme des Projektes waren in dieser Reihenfolge die weiteren Nennungen der Vergleichsuntersuchung.

"Die Schwierigkeiten ... könnten vom Entsender möglicherweise - wenn schon nicht abgestellt so doch - reduziert werden. (Etwa durch genaue Richtlinien für die Projektarbeit, Kompetenzabgrenzung bzw. exakte -beschreibung, Auswahl des Teams für ein Projekt)." (SCHOLTA/ZAPOTOCZKY 1978: 55) Dieser Aussage der Vergleichsstudie ist wenig hinzuzufügen, durch die Ähnlichkeit der damals als auch im Rahmen dieser Untersuchung erhobenen Hauptproblemfelder hat sie nichts an Gültigkeit eingebüßt.

In der Reihung der arbeitsbehindernden Schwierigkeiten (vgl. Tab. 27) ist bereits an der vierten Stelle die Aussage *"mangelnde Mitarbeit der Bevölkerung"* zu finden. Damit ist einmal mehr einer der wichtigsten Punkte projektorientierter Entwicklungshilfe angesprochen - die Teilnahme der Zielgruppe an der Projekttätigkeit. Um zumindest einen groben Indikator zur Feststellung des **Partizipationsgrades** zu erhalten, fragten wir, wie sehr die einheimische Bevölkerung an der Projektarbeit Anteil nahm und wie häufig Anregungen und Initiativen der Bevölkerung in die Projekttätigkeit Eingang fanden. Es ist klar, daß die Begriffe "Bevölkerung" und "Zielgruppe" zuwenig konkret sind, um diese Thematik mehr als nur oberflächlich erfassen zu können, was auch von einigen Befragten kritisch vermerkt wurde. Eine differenziertere Betrachtungsweise würde allerdings die Möglichkeiten eines Fragebogens überschreiten, dies kann nur von Evaluierungen vor Ort geleistet werden.

Auf die Frage, *wie sehr die Bevölkerung an der Projektarbeit Anteil nahm* (ausgenommen sind bezahlte einheimische Projektmitarbeiter), zeigte sich folgende Antwortverteilung (n=199):

- stark   84 Nennungen   (42%)
- etwas   79   "   (40%)
- eher wenig   30   "   (15%)
- überhaupt nicht   6   "   (3%)

Wie häufig wurden Anregungen und Initiativen der einheimischen Bevölkerung in die Projektarbeit aufgenommen? (n=187)

- immer   28 Nennungen   (15%)
- meistens   88   "   (47%)
- fallweise   51   "   (27%)
- kaum   18   "   (10%)
- nie   2   "   (1%)

Die Akzeptanz der Projekte bzw. die Mitwirkungsmöglichkeit der Zielgruppe wurde also von den Befragten überwiegend positiv beurteilt. Weniger als 20% waren der Meinung, daß seitens der Bevölkerung wenig oder gar kein Anteil an der Projekttätigkeit genommen wurde und mehr als 60% der Befragten gaben an, daß Anregungen aus der Bevölkerung immer oder meistens berücksichtigt wurden. Natürlich besteht zwischen diesen beiden Variablen ein enger Zusammenhang (so wird z.B. die häufige Aufnahme von Anregungen sich positiv auf die Anteilnahme auswirken), den folgende Abbildung illustrieren soll. Die Zahlenwerte geben dabei die absolute Anzahl von Nennungen der jeweiligen Antwortkategorie an. Durch die Tabellierung entsprechen die Häufigkeiten nicht exakt den auf der vorhergehenden Seite angeführten Werten.

Abbildung 13: Anteilnahme der Bevölkerung und Häufigkeit der Aufnahme von Initiativen (n=183)

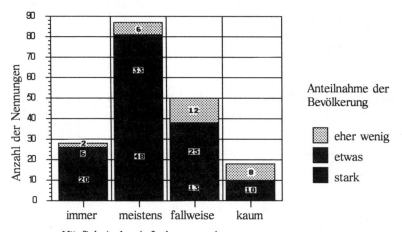

Deutlich zeigt diese Abbildung, daß mit abnehmender Häufigkeit auch die Anteilnahme eine abnehmende Tendenz aufweist. Von den 28 Befragten, die angaben, daß Anregungen *immer* berücksichtigt wurden, führten 20 Befragte (71%) an, daß die Bevölkerung *starken* Anteil nahm. Im Vergleich dazu waren es in der Kategorie *fallweise* nur mehr 26% (oder 13 Befragte), die eine *starke* Anteilnahme anführten.

Diejenigen Befragten, die angaben, daß Anregungen nur *fallweise, kaum* oder *nie* Berücksichtigung fanden, wurden auch nach den Gründen dafür gefragt. Insgesamt waren dies 71 Befragte, die folgende Gründe anführten (Mehrfachnennungen möglich):

Die Anregungen standen

- Projektzielen entgegen (18 Nennungen)
- stießen auf organisatorische Probleme (18)
- waren nicht finanzierbar (17)
- stießen auf Unverständnis bei Projektleitung/-träger (13)
- waren arbeitstechnisch nicht durchführbar (12)
- waren unklar formuliert (7)
- widersprachen sich gegenseitig (7)

Neben dem gezeigten Zusammenhang zwischen der Anteilnahme der Bevölkerung und der Häufigkeit der Aufnahme von Anregungen ist der Einfluß dieser Variablen auf die Erreichung der Projektziele von Interesse. Es sei daran erinnert, daß, trotz der eher positiven Einschätzung der Mitwirkungsmöglichkeiten seitens der Befragten, die Aussage *mangelnde Mitarbeit der Bevölkerung* in der Reihung der arbeitsbehindernden Schwierigkeiten schon an der vierter Stelle zu finden ist. Die Ergebnisse einer Pfadanalyse illustrieren den Einfluß der erwähnten Variablen auf die Erreichung der Projektziele, wobei die angeführten standardisierten Regressionskoeffizienten ein Signifikanzniveau von mindestens 95% aufweisen.

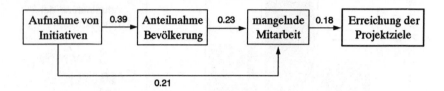

Je häufiger also Initiativen aufgenommen werden, desto höher ist die Anteilnahme der Bevölkerung und desto seltener wird über mangelnde Mitarbeit der Bevölkerung geklagt. Die Erreichung der Projektziele ist eher gewährleistet, wenn die Aussage "mangelnde Mitarbeit" als nicht zutreffend bezeichnet wurde. So gaben 38% der Befragten, die diese Aussage als für sie nicht zutreffend klassifizierten, an, daß das Projektziel erreicht wurde, während der Prozentsatz bei zutreffend nur 15% beträgt.

Mag der gezeigte Zusammenhang auch banal erscheinen, so illustriert er dennoch einmal mehr die Notwendigkeit einer zielgruppenorientierten Projektarbeit, wobei es klar ist, daß die Ursachen für die mangelnde Mitarbeit seitens der Zielgruppe bedeutend vielfältiger sind, als es ein einfaches Modell darstellen kann. Ob es zum Beispiel gelingt, neuere Ideen und Organisationsformen mit bestehenden Sozialstrukturen, Einstellungen usw. zu verbinden, wird für die Aktivierung der Bevölkerung von entscheidender Bedeutung sein. Als positives Beispiel können hier die NAAM-Gruppen in Burkina Faso genannt werden, die, ausgehend von traditionellen Altersklassen, eine neue Form kooperativen Arbeitens entwickelt haben (vgl. dazu HÖRBURGER et al. 1990: 154ff.). Nicht zuletzt durch diese Erfahrungen angeregt, wurde auch nach dem Einfluß einheimischer Sozialformen auf die Projektarbeit gefragt. Die genaue Frageformulierung lautete (in Klammer die Antwortverteilung):

Wenn Sie an die bestehenden einheimischen Sozialformen (Altersklassen, dörfliche Genossenschaften, Verwandtschaftsstrukturen u.a.) in Ihrer Projektregion denken, waren diese für Ihre Arbeit eher

- *behindernd* (39 Nennungen/21%)
- *fördernd* (58/32%)
- *ohne Einfluß* (74/40%)
- *keine geeigneten Strukturen vorhanden* (13/ 7%)

Es liegt auf der Hand, daß es ohne Kenntnis des jeweiligen Projektumfeldes kaum möglich ist, diese Zahlen zu interpretieren. Auffällig ist jedoch der hohe Anteil derjenigen, die angaben, daß einheimische Sozialformen ihre Projektarbeit nicht beeinflußten. Nun mag man einwenden, daß schon vom Tätigkeitsprofil her gesehen für eine ganze Reihe von Einsatztätigkeiten traditionelle Strukturen eine untergeordnete Rolle spielen. Dies wird vor allem für den Gesundheits- und Bildungsbereich zutreffen, wo ein klar definiertes Arbeitsfeld existiert (ein Blick auf Tabelle 23 und Abbildung 10 zeigt, daß dies auch nur zum Teil zutrifft). Aber auch von den Befragten aus Dorfentwicklungsprojekten führten 36% diese Kategorie an. Wenn noch zusätzlich in Betracht gezogen wird, daß mehr als ein Fünftel der Befragten die einheimischen Sozialformen als ihre Arbeit eher behindernd bezeichnen, stellt sich doch die Frage, wieweit der partizipatorische Ansatz in der Projektpolitik realisiert wird.

Es liegt die Frage nahe, ob nun die Einschätzung des Einflußes einheimischer Sozialformen mit der Anteilnahme der Bevölkerung und mit der Erreichung der Projektziele korreliert. Der Vergleich der Ridits zeigt einen signifikanten Zusammenhang zwischen diesen Variablen bei einem Signifikanzniveau der Riditdifferenzen von mindestens 95%. Bei einer positiven Einschätzung des Einflusses einheimischer Sozialformen werden die Anteilnahme der Bevölkerung und die Aufnahme von Initiativen besser bewertet, es wird weniger über mangelnde Mitarbeit geklagt und die Projektziele werden eher erreicht als bei der Bezugsgruppe (Befragte, die anführten, daß derartige Sozialformen eher behindernd für ihre Tätigkeit waren).

Bei der Erfassung der **Auswirkungen der Projekttätigkeit** auf die Zielgruppe wurde ähnlich wie bei den Schwierigkeiten während des Einsatzes vorgegangen. Auch hier wurde den Befragten eine Reihe möglicher Auswirkungen vorgegeben (10), wobei bei jeder Aussage anzugeben war, in welchem Ausmaß diese zutraf. Um zusätzlich auch eventuelle negative Auswirkungen des Projektes anführen zu können, wurde die Antwortkategorie *"das Gegenteil trifft zu"* vorgesehen. Die folgende Abbildung zeigt die nach dem Mittelwert gereihte Verteilung der Antworten.

Abbildung 14: Auswirkungen der Projekttätigkeit (in Prozent)

Durch das Projekt ...

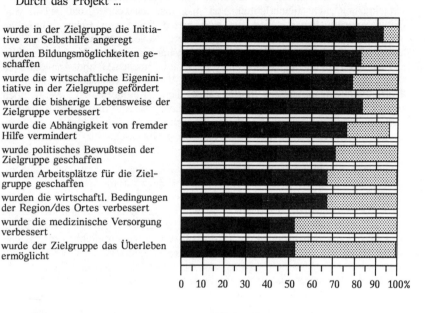

- wurde in der Zielgruppe die Initiative zur Selbsthilfe angeregt
- wurden Bildungsmöglichkeiten geschaffen
- wurde die wirtschaftliche Eigeninitiative in der Zielgruppe gefördert
- wurde die bisherige Lebensweise der Zielgruppe verbessert
- wurde die Abhängigkeit von fremder Hilfe vermindert
- wurde politisches Bewußtsein der Zielgruppe geschaffen
- wurden Arbeitsplätze für die Zielgruppe geschaffen
- wurden die wirtschaftl. Bedingungen der Region/des Ortes verbessert
- wurde die medizinische Versorgung verbessert
- wurde der Zielgruppe das Überleben ermöglicht

■ trifft kaum zu
■ trifft zu
☐ das Gegenteil trifft zu
▦ trifft nicht zu

Die Antwortverteilung zeigt, daß die Befragten die Auswirkungen der Projekttätigkeit überwiegend als positiv einschätzen, wobei zusätzlich eine weitgehende Übereinstimmung mit der Vergleichsuntersuchung aus dem Jahre 1978 festzustellen ist. Auch bei dieser Studie waren die *Initiative zur Selbsthilfe* und *verbesserte Bildungsmöglichkeiten* an den ersten beiden Plätzen zu finden (SCHOLTA/ZAPOTOCZKY 1978: 60). Die sehr positive Einschätzung der Projektauswirkungen seitens der Befragten wird auch noch durch das fast vollständige Fehlen der Antwortkategorie *"das Gegenteil trifft zu"* unterstrichen, die ja auf negative Effekte der Projektarbeit zielte. Nur bei der Aussage *"...wurde die Abhängigkeit von fremder Hilfe vermindert"* zeigt die obige Grafik einen erkennbaren Anteil dieser Antwortkategorie, der mit 4% allerdings auch sehr niedrig ausgefallen ist.

Vor dem Hintergrund der entwicklungspolitischen Kontroversen, vor allem auch um die Auswirkungen von Entwicklungsprojekten, erscheinen diese

Zahlen etwas überraschend. Man muß ja nicht gleich von einer "tödlichen Hilfe" (ERLER 1985) sprechen, aber zumindest als problematisch werden die Folgen vieler Entwicklungsprojekte von Praktikern und Theoretikern sowohl der nördlichen als auch der südlichen Hemisphäre eingeschätzt.[1] Auch bei vielen von uns geführten Interviews mit noch aktiven und mit bereits zurückgekehrten Entwicklungshelfern wurden die Auswirkungen der Projektarbeit skeptischer beurteilt, als dies bei der vorliegenden Befragung der Fall war. Wir glauben deshalb, daß bei der Beantwortung dieser Frage der Faktor der sozialen Wünschbarkeit eine nicht unbeträchtliche Rolle spielte und daß somit in die retrospektive Beurteilung der Projektauswirkungen auch die erwarteten bzw. erwünschten Projektfolgen einflossen. Es soll damit allerdings nicht gesagt werden, daß die erhobene Antwortverteilung keine Rückschlüsse auf die Projektrealität und damit auf die Auswirkungen zuläßt. Wohl aber ist hinsichtlich des Zustimmungsgrades zu den einzelnen Aussagen zu beachten, daß bei der Beantwortung auch Dimensionen wie Selbstbild bzw. erwünschtes Fremdbild des Entwicklungshelfers eine Rolle spielten. Nur vor diesem Hintergrund scheint es auch erklärbar, daß 30% der Befragten die Aussage *"... wurde der Zielgruppe das Überleben ermöglicht"* als zutreffend bezeichneten, obwohl im Regelfall die Entwicklungsprojekte nicht im Bereich der Katastrophen- bzw. Flüchtlingshilfe angesiedelt sind.

Der Vollständigkeit halber soll noch erwähnt werden, daß auch eine nach Projektschwerpunkten getrennte Auswertung vorgenommen wurde, die allerdings kaum überraschende Resultate brachte. So zeigten sich signifikante Unterschiede nur dann, wenn Projektschwerpunkt und -auswirkung in engem thematischen Zusammenhang standen, z.B. ergab sich eine signifikant höhere Zustimmung von Befragten aus Bildungsprojekten bei der Aussage *"... wurden Bildungmöglichkeiten geschaffen".* Tabellierungen mit dem Projektträger ergaben tendenziell bei Befragten aus kirchlichen und privaten Projekten höhere Zustimmungswerte als bei staatlicher Projektträgerschaft. Die Unterschiede sind allerdings nur bei einigen Aussagen statistisch signifikant (Signifikanzniveau 95%).

Die Frage nach den tatsächlichen Wirkungen von Entwicklungsprojekten kann klarerweise nicht mittels einer Befragung beantwortet werden - auf diesem Wege sind nur Tendenzen aufzuzeigen -, dazu sind nur Evaluierungen vor Ort in der Lage, die allerdings in vermehrtem Umfange durchgeführt werden sollten, um einerseits die Basis für Verbesserungen in der Einsatzpolitik zu schaffen (vgl. den Abschnitt über Projektschwierigkeiten) und andererseits, um mit fundierten Aussagen auch der Fundamentalkritik an der Entwicklungshilfe besser begegnen zu können.

Im letzten Anschnitt des Kapitels über die Projekttätigkeit soll noch kurz auf einen schon angesprochenen Bereich eingegangen werden - dem **Rollen-**

---

[1] Aus der großen Anzahl einschlägiger Publikationen seien hier beispielshaft angeführt: ALEXANDER 1992, BLISS 1990, BRAUN 1992, DIRMOSER et al. 1991, DÜNKI 1987, ETIENNE-AHL 1989, HEINDL/RÜTHEMANN 1990, WEILAND 1986.

selbstbild der Entwicklungshelfer. Kurz deshalb, da diese komplexe Frage der Selbstdefinition nur indirekt mit der konkreten Einsatzarbeit in Zusammenhang steht und somit eine ausführliche Darstellung den Rahmen der Arbeit sprengen würde.[1]

Es wurden den Befragten 20 Aussagen vorgegeben, die von ihnen einzeln bewertet werden sollten. Die einzelnen Statements bezogen sich dabei u.a. auf Zielvorstellungen entwicklungspolitischer Arbeit, auf das Verhalten gegenüber Projektmitarbeitern, auf die eigene materielle Lebenssituation im Einsatzland. Wir beschränken uns in der Folge auf die Darstellung der drei Aussagen mit dem höchsten und mit dem niedrigsten Zustimmungswert, wobei der prozentuelle Anteil der fünf Antwortkategorien (von *völlig richtig* bis *nicht richtig*) jeweils angeführt wird. Die vollständige Auflistung der Antwortverteilung ist im Anhang zu finden.

1. *Man kann als EH mindestens ebensoviel von den Einheimischen lernen wie diese von den EH.*
(völlig richtig: 79%; großteils richtig: 16%; teilweise richtig: 4%; kaum richtig: 1%; nicht richtig: 0%)

2. *Aus dem Bericht eines EH:" Anfangs kommt einem alles unendlich langsam vor, weil man selbst etwas zu schnell sein will. Aber es ist absolut notwendig, sich an das Arbeitstempo anzupassen.*
(40%; 36%; 20%; 2%; 2%)

3. *Zu Beginn der Arbeit am Projekt ist ein intensives Studium der sozialen Situation wesentlich wichtiger als die Beschäftigung mit den technisch-praktischen Fragen des Projektes.*
(30%; 37%; 28%; 5%; 0%)

.
.
.

18. *Die Menschen in den Entwicklungsländern sind noch unerfahren. Man muß sie wie ein Vater seinen Sohn auf den richtigen Weg bringen.*
(völlig richtig: 0%; großteils richtig: 1%; teilweise richtig: 5%; kaum richtig: 14%; nicht richtig: 80%)

19. *Man hilft den Menschen im Gastland besser, wenn man schnell und effizient "etwas für sie schafft", als wenn man unter großem Zeitaufwand fast alles mit ihnen zusammen tun will.*
(1%; 0%; 5%; 10%; 84%)

20. *Unsere Arbeit im Projekt sollte eine Demonstration europäischen Arbeitslebens sein.*
(0%; 1%; 4%; 12%; 82%)

---

[1] Breiteren Raum nimmt diese Thematik bei WURZBACHER (1975: 21ff.) ein.

Augenfällig ist das sehr deutliche Bekenntnis der Befragten zu einem partizipativen Verständnis von Entwicklungshilfe. Dies zeigt sich sowohl in der fast einhelligen Zustimmung zu Aussagen, die auf die soziale Situation der Projektzielgruppe und deren Bedürfnisse zielen als auch in der ebenso starken Ablehnung von Aussagen, denen ein starker paternalistischer Entwicklungsbegriff zugrunde liegt. Eine nach Geschlechtern getrennte Auswertung zeigt, daß sich die befragten Frauen noch mehr der sozialen Komponente der Entwicklungshilfe verpflichtet fühlen. So bezeichneten z.B. 92% der weiblichen Befragten die Aussage "*.... mindestens ebensoviel von den Einheimischen lernen ...* " als völlig richtig, bei den Männern betrug dieser Anteil 68%. Nur geringe Unterschiede zeigten sich zwischen den einzelnen Projektschwerpunkten. Allein die Befragten aus landwirtschaftlichen Projekten stimmten tendenziell bei den ersten drei Aussagen etwas weniger stark zu und lehnten auch die letzten drei Statements weniger stark ab.

Das aus diesen Ergebnissen resultierende Bild vom Selbstverständnis der Arbeit am Einsatzort muß vor dem Hintergrund der in diesem Kapitel beschriebenen Problemfelder (z.B. mangelnde Mitarbeit der Bevölkerung, Zieldefinition, hemmende Sozialstrukturen usw.) doch etwas relativiert werden, d.h. das Ideal entspricht nur zum Teil der Realität im Projekt. Die Rollenselbstdefinition ist dabei in einem engen Zusammenhang mit dem allgemeinen Bild von Entwicklungshelfern in der Öffentlichkeit zu sehen. Das heißt, dieses Selbstbild bestimmt zwar zu einem gewissen Grad sicherlich das konkrete Verhalten im Projekt (es sei zum Beispiel auf die Diskussion über den Lebensstandard am Einsatzort verwiesen), es dient aber auch dazu, sich von anderen Formen ausländischer Tätigkeit in Entwicklungsländern abzugrenzen (z.B. Mission, Firmenvertreter) und so die Entwicklungshilfe in ein positives Licht zu rücken.

Da die Einschätzung der Befragten, wieweit ihre ursprünglichen Erwartungen mit der vorgefundenen Projektrealität in Einklang standen, auch dazu geeignet ist, ein Resümee der Einsatztätigkeit zu ziehen, soll damit dieses Kapitel abgeschlossen werden. Die diesbezügliche, in offener Form gestellte Frage lautete: "*Wenn Sie Ihre Erwartungen und Vorstellungen vor Beginn des Einsatzes mit der tatsächlichen Einsatzsituation bzw. mit dem am Ende Erreichten vergleichen, worin bestehen die größten Unterschiede?*" Mehr als zwei Drittel der ehemaligen Entwicklungshelfer beantworteten diese Frage zum Teil in sehr ausführlicher Form. Die nach inhaltlichen Gemeinsamkeiten in Kategorien zusammengefaßten Antworten zeigen folgendes Bild:

40 Befragte führten an, von zu hohen oder von falschen Erwartungen ausgegangen zu sein. Beispielshafte Nennungen waren: "*... Ziele zu hoch gesteckt*", "*... ich glaubte mehr verändern zu können, nicht ich sondern die Bevölkerung gibt Inhalt und Tempo an*", "*... Veränderungsmöglichkeiten überschätzt*", "*... hatte erwartet, daß ich vom Einsatzland mehr gebraucht würde*", "*Ich habe mich viel zu wichtig genommen, falsche Einschätzung der Einheimischen*".

Befragte, die - nach eigenen Angaben - zu idealistisch geprägte Erwartungen zugunsten einer realistischeren Einschätzung revidierten *("... von viel Idealismus zu Realismus", "... der anfängliche Idealismus wurde gedämpft", "... nicht die 'große einzig wahre Entwicklungshilfe' gebracht zu haben, sondern einen kleinen Beitrag ... geleistet zu haben ...")*, bildeten mit 30 Nennungen die zweitgrößte Gruppe.

Jeweils 14 Antworten lassen sich in 3 sehr unterschiedliche Gruppen zusammenfassen. Eine Gruppe benützte diese Frage um ihre negativen Projekterfahrungen zu beschreiben. Die Mehrzahl der diesbezüglichen Antworten betrafen die mangelnde Unterstützung durch Verantwortliche bzw. eine ablehnende Einstellung der Bevölkerung *("... nur Geld aus Europa erwartet...", " ... den einheimischen Mitarbeitern war es ... lästig, daß ich in ihr Land kam.")*. In einzelnen Fällen wurde auch die mangelnde Zusammenarbeit mit anderen Entwicklungshelfern beklagt. Auf der anderen Seite stellte eine gleich große Gruppe fest, daß ihre ursprünglichen Erwartungen durch die Projektrealität im positiven Sinn übertroffen wurden *("... besser als ich es erwartet hatte.", "... überrascht, mich so leicht einleben zu können...", "das Ergebnis übertraf alle Erwartungen")*. Zwischen diesen beiden Polen ist die dritte Gruppe angesiedelt, in der Nennungen, wie z.B. *"... hatte keine konkreten Erwarten und Vorstellungen.", "kaum Erwartungen ... habe es auf mich zukommen lassen..."* oder aber *"... Erwartungen entsprachen den Gegebenheiten", "... Projekt richtig eingeschätzt"* zusammengefaßt wurden.

Von 13 Befragten wurden mit Nennungen wie z.B. *"... nicht gedacht, daß ich soviel von den Einheimischen lernen könnte ...", "... Schwerpunkt weniger auf sichtbarer Hilfe als auf Solidarität mit den Menschen ...", "... Einheimische veränderten Denken und Handeln ..."*, die soziale Komponente der Einsatztätigkeit in den Vordergrund gerückt.

Einige Befragte betonten noch die Andersartigkeit des kulturellen und sozialen Umfeldes im Einsatzland *("... die völlig andere Mentalität ... traf mich unvorbereitet ...")* oder zeigten sich von den geforderten Anforderungen überrascht *("... Arbeitsanforderungen ... viel größer als erwartet ...", "... Arbeitsfeld war wesentlich umfassender ...")*.

9. SITUATION NACH DER RÜCKKEHR

Obwohl die Projekttätigkeit und die direkt damit zusammenhängenden Bereiche wie Ausbildung und Motivation die Schwerpunkte der vorliegenden Arbeit darstellen, soll auch der Problematik der Wiedereingliederung zurückgekehrter Entwicklungshelfer ein eigenes Kapitel gewidmet werden. Die Bedeutung dieses Bereiches oder genauer gesagt, die Schwierigkeiten, mit denen in dieser Phase die Betroffenen konfrontiert sind, zeigten sich einerseits in vielen Gesprächen mit Rückkehrern und zum anderen wird auch in der Literatur immer wieder darauf verwiesen (vgl. PATER 1987; KASPAR 1989; DÜNKI 1990; DORNER 1973). Deshalb wurde auch eine Reihe von diesbezüglichen Aspekten in die Untersuchung einbezogen.

9.1. Rückkehr = Kulturschock ?

Auf den ersten Blick mag diese Überschrift etwas befremdlich klingen, verbindet man doch mit "Kulturschock" eher die Phase des Einsatzbeginnes. *"Wenn ein junger Mensch zum ersten Mal in ein Entwicklungsland kommt, erleidet er einen Schock: Die Wirklichkeit ist so ganz anders als er es sich vorgestellt hat. Er muß in eine andere Kultur eintreten, eine andere Wertskala respektieren, anders arbeiten, anders denken ..."* Diesem ersten "Kulturschock", unter dem fast jeder neu beginnende Entwicklungshelfer mehr oder weniger zu leiden hat, folgt nach Einsatzende ein weiterer "Schock": *"... Aber bei seiner Rückkehr in die Heimat wird derselbe Mensch einen zweiten noch stärkeren Schock erleiden ... Er sieht sein Land mit neuen Augen: Jeder rennt nach seiner Uhr, denkt an seinen Zahltag und an seine Ferien ... jeder hüllt sich .... in eine bei uns typische Selbstzufriedenheit"* (JUBIN 1975, zit. nach SCHOLTA/ZAPOTOCZKY 1978: 71). Diese Aussage des Generalsekretärs einer Entwicklungshilfeorganisation umreißt die Problematik sehr deutlich. Besteht aber **vor** dem Einsatz die Möglichkeit, die zukünftigen Entwicklungshelfer auf die Andersartigkeit z.B. der Kultur und des Lebensstils im Einsatzland vorzubereiten, findet eine vergleichbare Auseinandersetzung mit der Situation **nach** der Rückkehr nicht mehr statt. Doch die während des meist mehrjährigen Aufenthaltes gemachten Erfahrungen und die daraus resultierenden persönlichen Veränderungen prallen nach der Rückkehr auf eine - zwar bekannte - Alltagswelt, die aber jetzt vielfach mit anderen Augen gesehen wird. Dazu kommt noch, daß viele Rückkehrer, die ihre Einsatzerfahrungen weitergeben wollen, auf ein nur oberflächliches Interesse stoßen, und sie die Erfahrung machen, daß die Bereitschaft, konkrete Aktionen für Anliegen der Dritten Welt zu setzen, "zuhause" gering ist.

Die schwierige Situation, mit der zurückkehrende Entwicklungshelfer konfrontiert sind, zeigen auch die Ergebnisse der vorliegenden Untersuchung.

Auf die Frage: *"Wie empfanden Sie es nach Ihrer Rückkehr, in der Heimat Fuß zu fassen?"* anworteten (n=200)

14% *sehr schwierig*
34% *schwierig*
34% *es ging*
12% *leicht*
6%   *sehr leicht*

Fast die Hälfte der Befragten erlebte demnach die Phase nach dem Einsatzende als schwierig. Ein tendenziell vergleichbares Ergebnis zeigte sich auch bei der Vergleichsuntersuchung aus dem Jahre 1978 mit folgender Antwortverteilung: 16% sehr schwierig, 27% schwierig, 33% es ging, 17% leicht, 7% sehr leicht (SCHOLTA/ZAPOTOCZKY 1978: 68).

Keine statistisch signifikanten Unterschiede bei dieser Frage ergab eine Tabellierung mit *Geschlecht* und *Entsendeorganisation*. Bei der *Einsatzdauer* zeigte sich zwar, daß das *"Fußfassen"* bei kürzerer Dauer leichter fällt (31% leicht bzw. sehr leicht bei höchstens 12monatigem Einsatz, hingegen 15% bei einer Einsatzdauer von mehr als 36 Monaten), aber auch hier sind die Unterschiede nicht signifikant.

Neben einer allgemeinen Einschätzung der Schwierigkeiten nach der Rückkehr lag es auf der Hand, auch nach den Bereichen zu fragen, in denen die meisten Probleme auftraten. Die folgende Reihung zeigt die Anzahl der Nennungen pro Bereich (Mehrfachnennungen möglich):

- Lebensstil   118 Nennungen   (58%)
- Freundeskreis   68   "   (33%)
- Arbeitssuche   58   "   (28%)
- Partnerschaft   37   "   (18%)
- Wohnungsbeschaffung   34   "   (17%)
- Familie   29   "   (14%)
- Finanzen   29   "   (14%)
- berufliche Umschulung   25   "   (12%)
- Gesundheit   21   "   (10%)

Diese Zahlen zeigen sehr deutlich, daß der angesprochene "Kulturschock" nach der Rückkehr für viele ehemalige Entwicklungshelfer Realität ist, der Lebensstil der eigenen Gesellschaft stellt für fast 60% der Befragten ein Problem dar. Erst weit dahinter rangieren die Bereiche, die von der Umwelt sicherlich als die gravierenderen angesehen werden: Arbeit, Wohnen, finanzielle Situation. Die mehrjährige Tätigkeit in einem sozialen und wirtschaftlichen Umfeld, das einerseits andere sozio-kulturelle Wertmaßstäbe aufweist und das andererseits mit viel existenzielleren Problemen zu kämpfen hat, verändert vielfach die eigenen Wertmaßstäbe, Einstellungen und Verhaltensweisen. Die veränderte Sichtweise der eigenen Gesellschaft, das geschärfte Problembewußtsein führt dazu, Denkweisen und Handlungen der "Daheimgebliebenen" oftmals als engstirnig oder als gleichgültig anzusehen (vgl.

DORNER 1973: 118). Dies könnte ein Grund dafür sein, daß Probleme mit dem Freundeskreis bereits an zweiter Stelle der Nennungen zu finden ist. Anzumerken ist noch, daß zwar - mit Ausnahme der ersten drei Bereiche - die Anzahl der Nennungen eher gering scheinen mag, aber daraus ist nicht abzuleiten, daß die Wiedereingliederungsphase insgesamt als nicht so problematisch anzusehen ist. Die Befragten sind nicht nur von Problemen in einem Bereich betroffen, sondern sie sehen sich meist einem Bündel von Problemfeldern gegenüber.

Mit Ausnahme des Bereiches *Familie*, der von Frauen signifikant häufiger genannt wurde, bestehen bei dieser Frage keine geschlechtsspezifischen Unterschiede. Ein auf den ersten Blick schwer verständlicher Zusammenhang zeigt sich zwischen dem Bildungsgrad und Problemen bei der *Arbeitsplatzsuche*. Pflichtschulabsolventen nannten diesen Bereich mit 19% seltener als AHS- bzw. BHS-Absolventen (26%) und Universitätsabsolventen (35%). Dies ist möglicherweise darauf zurückzuführen, daß die erstgenannte Gruppe eher Umschulungsmaßnahmen in Anspruch nimmt und deshalb später auf den Arbeitsmarkt kommt. 24% der Pflichtschulabsolventen nannten Probleme bei der *beruflichen Umschulung*, bei Akademikern waren dies nur 11%. Auf die beruflichen Probleme nach der Rückkehr wird aber an anderer Stelle noch genauer eingegangen. Von *gesundheitlichen Problemen* ist vor allem die Gruppe der Rückkehrer mit einer Einsatzdauer von weniger als einem Jahr betroffen (23% im Vergleich zu 9% bei einer Einsatzdauer von 2-3 Jahren), was vermuten läßt, daß dies als Grund für ein vorzeitiges Einsatzende eine wesentliche Rolle spielt. Diese Gruppe nannte auch deutlich öfters *finanzielle Probleme* als die Befragten mit 2-3jähriger Einsatzdauer (31% bzw. 16%).

Die Möglichkeiten, schon während des Einsatzes Schritte für die Wiedereingliederung zu unternehmen, sind naturgemäß sehr beschränkt. So können zwar Kontakte sozialer und beruflicher Natur gepflegt bzw. geknüpft werden; es kann versucht werden, über das aktuelle Geschehen im Heimatland auf dem laufenden zu bleiben. Bedingt durch die räumliche und auch zeitliche Distanz, wird es aber kaum möglich sein, den beruflichen Wiedereinstieg vorzubereiten, den Freundeskreis aufrechtzuerhalten oder sich auf die als "Kulturschock" bezeichneten Probleme einzustellen.

Haben Sie noch während Ihres Einsatzes Schritte für Ihre Wiedereingliederung unternommen?

- nein (n=86 - 42%)
- ja, im beruflichen Bereich (n=43 - 21%)
- ja, im sozialen Bereich (n=69 - 34%)
- ja, durch laufende Information über das politische und wirtschaftliche Geschehen in Österreich (n=67 - 33%)

Es haben zwar mehr als die Hälfte der Befragten versucht, sich schon während des Einsatzes auf die Situation nach der Rückkehr vorzubereiten, aber weder fällt das "Fußfassen" in der Heimat dieser Gruppe leichter, noch werden von ihr in den einzelnen Problembereichen weniger Nennungen abgegeben. Dies bestätigt die oben geäußerte Vermutung und zeigt einmal mehr die Schwierigkeiten der Wiedereingliederungsphase, die ohne Hilfestellungen schwer zu bewältigen sind.

Auf die in offener Form gestellte Frage, wer/was den Befragten bei ihrer Rückkehr am meisten geholfen hat, wurde von fast der Hälfte die Familie bzw. der (Ehe)Partner angeführt. An zweiter Stelle steht der Freundeskreis mit 40 Nennungen. Der Kontakt zu anderen Rückkehrern und die Arbeit in Solidaritätsgruppen stellen weitere wichtige Möglichkeiten zur Problembewältigung dar. Die berufliche Tätigkeit bzw. Maßnahmen der Weiterbildung wurden von 20 Befragten angeführt. Deutlich zeigt sich die Bedeutung der sozialen Umwelt - sei es die Herkunftsfamilie, die eigene Familie/Partnerschaft oder der Freundeskreis - für die Bewältigung der Wiedereingliederungsprobleme. Aber auch der Erfahrungsaustausch mit anderen Rückkehrern, bzw. eine entwicklungspolitische Tätigkeit mit Gleichgesinnten, erleichtert den Wiedereinstieg. Nur wenige Nennungen betrafen institutionelle Hilfestellungen kirchlicher oder staatlicher Art, aber auch die Entsendeorganisation wurde nur selten explizit angeführt. Da jedoch - neben der Rekrutierung, Vorbereitung und Projektbetreuung von Entwicklungshelfern - auch der Bereich der Wiedereingliederung in den Verantwortungsbereich der entsendenden Organisation fällt, soll ein eigener Abschnitt der Rückkehrerbetreuung durch die Entsendeorganisationen gewidmet werden.

9.2. Rückkehrerbetreuung durch die Entsendeorganisationen

Neben der oben erwähnten Verantwortung gegenüber zurückgekehrten Entwicklungshelfern, sollten die Entsendeorganisationen auch aus durchaus eigennützigen Gründen der Rückkehrerbetreuung besonderes Augenmerk schenken - weist diese Gruppe doch ein reiches Potential an Wissen und Erfahrungen auf, das wiederum in die Einsatzvorbereitung und in die Projektpolitik einfließen könnte. Die Ergebnisse zahlreicher Interviews mit ehemaligen Entwicklungshelfern lassen allerdings vermuten, daß dieses Potential noch nicht erschöpfend genutzt wird. Dies zeigt sich auch bei der schriftlichen Befragung, wo 55% der Befragten der Meinung waren, die Entsendeorganisation interessiere sich *nicht ausreichend* für die Einsatzerfahrungen, wobei von den IIZ-Rückkehrern sogar 70% dieser Ansicht waren (ÖED: 51%). Bei einer nach Geschlecht, Bildungsgrad, Einsatzdauer, Anzahl der Einsätze differenzierten Analyse zeigten sich nur geringe Einschätzungsunterschiede zwischen den angeführten Gruppen. Fast alle Befragten gaben an, daß sie nach der Rückkehr mit einem Mitarbeiter der Entsendeorganisation ein Gespräch über ihren Einsatz führten, wobei allerdings 45% dieses Gespräch als *nicht ausreichend* empfanden (ÖED: 41%/IIZ: 62%). In Anbetracht dieser Zahlen kann resümiert werden, daß zwar ein grundsätzliches Interesse seitens der entsendenden Organisationen an den Einsatzerfahrungen der Rückkehrer besteht, daß aber sicherlich noch nicht alle diesbezüglichen Möglichkeiten genutzt werden. Immerhin bezeichnen mehr als die Hälfte der Befragten diesen Bereich der Rückkehrerarbeit als ungenügend.

Wie im letzten Abschnitt gezeigt wurde, stellt für die Mehrzahl der Befragten das unmittelbare soziale Umfeld das größte Unterstützungspotential in der schwierigen Wiedereingliederungsphase dar. Trotzdem erschien es aber auch von Interesse, ob und in welchem Ausmaß seitens der Organisationen Hilfestellungen angeboten wurden.

Hat Ihnen die Entsendeorganisation nach ihrer Rückkehr bei der Wiedereingliederung geholfen?

- ja, ausreichend (n= 70 - 36%)
- ja, aber zuwenig (n= 16 - 8%)
- nein   (n=108 - 56%)

Obwohl nur etwas mehr als ein Drittel der Befragten eine ausreichende Hilfestellung konstatiert, läßt sich daraus nicht ableiten, daß dies von den verbleibenden Rückkehrern durchgehend als Defizit empfunden wurde. Zusätzlich konnten die Befragten, die mit *"zuwenig"* oder mit *"nein"* geantwortet hatten, anführen, in welchen Bereichen sie Hilfe erwartet hätten. Das in diesem Ausmaß etwas überraschende Ergebnis war, daß fast die Hälfte dieser Gruppe angab, derartige Hilfestellungen wären nicht erwartet worden oder seien nicht als notwendig erschienen. 20 Befragte hätten sich mehr Unterstützung im beruflichen Bereich erwartet, vereinzelt wurde der finanzielle Bereich und die fehlende Unterstützung bei der Wohnungssuche angeführt. Mehrfach wurde auch bei dieser Frage das mangelnde Interesse der Entsendeorganisationen bezüglich der erworbenen Einsatzerfahrungen beklagt.

Die Wiedereingliederungsprobleme werden also vielfach als individuelle, von jedem selbst zu bewältigende Schwierigkeiten angesehen. Vor dem Hintergrund der angeführten Problemfelder erscheint dies zwar verständlich (so können z.B. bei Problemen, die den Lebensstil betreffen, institutionelle Hilfen kaum angeboten werden), auf der anderen Seite muß aber auch gesehen werden, daß die Schwierigkeiten zwar individuell empfunden werden, aber doch im großen und ganzen ähnlicher Natur sind. Die seit mehr als 25 Jahren mit dieser Problematik konfrontierten Entsendeorganisationen verfügen sicherlich über die Erfahrung und auch über Möglichkeiten, der Rückkehrerbetreuung einen höheren Stellenwert einzuräumen. Klarerweise ist das beste Angebot aber nur dann sinnvoll, wenn es auch auf Interesse der Betroffenen stößt. Deshalb erscheint nicht nur seitens der Organisationen eine verstärkte Orientierung auf die Einsatzerfahrungen und auch auf die Schwierigkeiten zurückgekehrter Entwicklungshelfer notwendig, sondern auch die Betroffenen müßten verstärkt die Zusammenarbeit suchen, was auch bei Gesprächen mit den gewählten Rückkehrersprechern immer wieder zum

Ausdruck gebracht wurde. Dies könnte für beide Seiten von Vorteil sein, für die Organisationen im Hinblick auf Verbesserungen in der Einsatzpolitik, -vorbereitung und in der Bildungsarbeit in Österreich, für die Rückkehrer im Sinne einer Erleichterung des Wiedereinstieges und der Impulssetzung für eine weitere entwicklungspolitische Tätigkeit. Als Konsequenz einer verbesserten Rückkehrerbetreuung würde nicht zuletzt auch eine positivere Einschätzung der Entsendeorganisation durch die Rückkehrer resultieren, ein Faktum, das für die Rekrutierung weiterer Entwicklungshelfer sicherlich von Bedeutung ist. Wie im Abschnitt 6. gezeigt wurde, stellen ehemalige Entwicklungshelfer eine wesentliche Informationsquelle für Interessierte dar und sind somit für die Öffentlichkeitsarbeit der Organisationen alles andere als zu vernachlässigen.

Vor dem gezeigten Hintergrund gewinnt die Frage, wie das Verhältnis zur entsendenden Organisation *vor, während* und *nach* der Einsatztätigkeit war bzw. ist, auch eine entwicklungspolitische Bedeutung.

Tabelle 28: Verhältnis zur Entsendeorganisation vor, während und nach dem Einsatz (in Prozent)

	sehr positiv	positiv	neutral	negativ	sehr negativ	
vor	33.5	44.3	18.7	3.0	0.5	100%
während	21.2	31.8	28.8	15.7	2.5	100%
nach	14.7	28.4	38.1	12.7	6.1	100%

Diese Zahlen geben erste Hinweise auf die Tendenz der Einstellungsänderungen. Die weitaus überwiegende Mehrheit der befragten Rückkehrer definierte das Verhältnis zur Entsendeorganisation vor dem Einsatz als positiv. Für den Zeitraum des Einsatzes nimmt dieser Anteil ab und nach Einsatzende beträgt er nur mehr etwas über 40%. Auf der anderen Seite nehmen neutrale oder negative Einschätzungen kontinuierlich zu. Wieweit sich dabei die Befragten der beiden Organisationen unterscheiden, wird in den folgenden beiden Abbildungen dargestellt.

Abbildung 15: Einstellungsänderungen der ÖED-Rückkehrer (in Prozent)

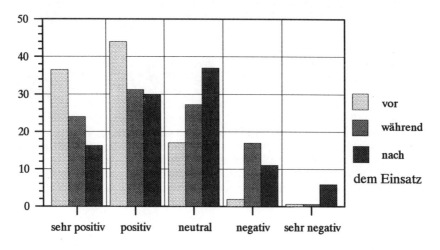

Abbildung 16: Einstellungsänderungen der IIZ-Rückkehrer (in Prozent)

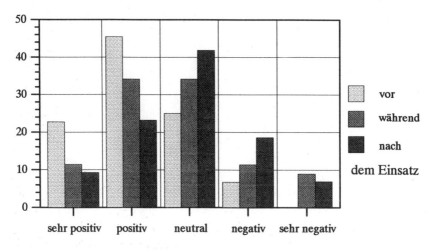

Es zeigt sich, daß die befragten IIZ-Rückkehrer sowohl *vor* als auch *während* und *nach* dem Einsatz ihrer Entsendeorganisation etwas reservierter gegenüberstehen als die ÖED-Rückkehrer. Die beiden Säulendiagramme illustrieren aber auch sehr anschaulich, daß kein großer Unterschied zwischen ÖED- und IIZ-Rückkehrern bezüglich des **Einstellungswandels** besteht. Die ursprünglich recht positive Bewertung des Verhältnisses verschiebt sich allgemein für die Zeit während des Einsatzes bzw. nachher in Richtung neutral aber auch in Richtung einer negativen Beurteilung.

Klarerweise läßt sich aus den Abbildungen nur die grundsätzliche Tendenz des Einstellungswandel ablesen, nicht aber, wie sich das Verhältnis zur Entsendeorganisation **vor, während** und **nach** dem Einsatz auf individueller Ebene verändert hat. Zu diesem Zweck zeigt die Abbildung 17 auf der folgenden Seite, wie die Befragten, die ihr Verhältnis vor dem Einsatz als positiv bzw. als neutral bezeichneten, das Verhältnis während und nach dem Einsatz einschätzten. Um die Abbildung nicht zu unübersichtlich zu gestalten, wurden die Antwortkategorien *sehr positiv* und *positiv* bzw. *sehr negativ* und *negativ* in jeweils eine Kategorie zusammengefaßt. Da verständlicherweise nur sehr wenige Befragte das Verhältnis vor dem Einsatz als *negativ* definierten (diese mangelnde Vertrauensbasis wird im Normalfall eine Einsatztätigkeit verhindern), wurde bei dieser Gruppe auf eine Darstellung verzichtet.

Abbildung 17: Veränderungen im Verhältnis zur Entsendeorganisation bei positiver und neutraler Einschätzung *vor* dem Einsatz

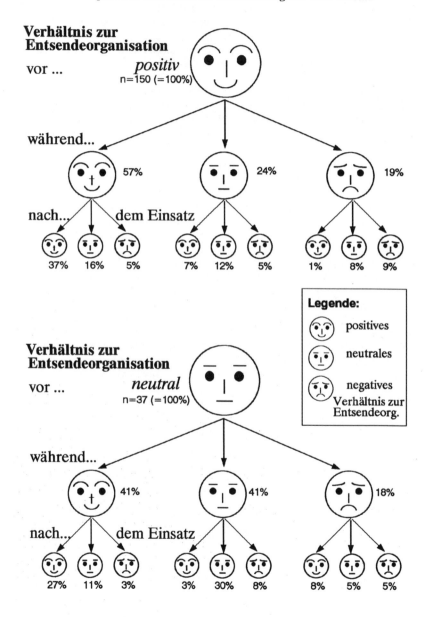

Aus der Abbildung wird deutlich, daß bei der Mehrzahl der Rückkehrer ein Einstellungswandel stattfand. So waren von denjenigen, die vor dem Einsatz das Verhältnis als positiv definierten, während des Einsatzes nur noch 57% dieser Ansicht. Nach Einsatzende reduziert sich dieser Anteil weiter auf 37%, d.h. diese 37% bezeichneten ihr Verhältnis konstant (also vor, während und nach dem Einsatz) als positiv. Bei ursprünglich neutraler Einschätzung bleiben nur 30% konstant bei dieser Bewertung. Es zeigt sich aber auch, daß sich vielfach die Richtung des Einstellungswandels ändert. So wechseln 24% der Befragten mit ursprünglich positiver Bewertung auf eine neutrale Einschätzung während des Einsatzes. Nach Einsatzende bleibt die Hälfte bei dieser Meinung, die anderen teilen sich zu etwa gleichen Teilen auf eine positive und eine negative Position auf. Vergleicht man das Verhältnis **vor** und **nach** dem Einsatz, so zeigt sich für die Gruppe mit ursprünglich positiver Bewertung folgende Verteilung: 45% positiv, 36% neutral, 19% negativ; für die Gruppe mit neutraler Einstellung: 38% positiv, 46% neutral, 16% negativ.

Zusammenfassend läßt sich feststellen, daß sich im Rahmen der erwähnten allgemeinen Tendenz in Richtung einer neutralen oder negativen Position zur Entsendeorganisation eine Vielzahl von Einstellungswechseln vollziehen, die zum Teil dem generellen Trend widersprechen. Es liegt auf der Hand, daß es mittels einer quantitativen Untersuchung kaum möglich ist, näher auf die hinter dem Meinungswandel liegenden Ursachen einzugehen. So kann zum Beispiel eine Verschlechterung des Verhältnisses während des Einsatzes auf persönliche Umstände seitens des Entwicklungshelfers aber auch auf eine als mangelhaft empfundene organisatorische Betreuung oder auf Schwierigkeiten im Projekt zurückzuführen sein. Kurz gesagt, eine systematische Analyse der Gründe, so notwendig diese für eine verbesserte Rückkehrerbetreuung und Projektpolitik auch sein mag, kann mittels des vorliegenden Datenmaterials nicht geleistet werden. Um aber zumindest einige Anhaltspunkte für mögliche Einflußfaktoren zu gewinnen, soll anhand einiger erhobener Variablen gezeigt werden, ob und in welchem Ausmaß diese mit dem Einstellungswechsel zusammenhängen.

Zu diesem Zweck wurde für jeden Befragten eine Maßzahl gebildet, die sich aus der Differenz zwischen zwei Einschätzungen ergibt. Dieser Wert gibt an, wie stark und in welche Richtung sich ein Einstellungswandel vollzogen hat. Ein Beispiel soll dies erläutern. **Vor** dem Einsatz kann das Verhältnis als "positiv", "neutral" oder "negativ" eingeschätzt werden, wobei den einzelnen Ausprägungen die Werte +1, 0, und -1 zugewiesen werden. Jede dieser Ausprägungen kann nun **nach** dem Einsatz wiederum diese drei Einschätzung aufweisen, womit insgesamt neun Kombinationsmöglichkeiten gegeben sind. Die Differenz zwischen Einschätzung vor und nach dem Einsatz kann somit folgende Werte annehmen:

	nach dem Einsatz		
	+1 positiv	0 neutral	-1 negativ
vor dem Einsatz +1 positiv	0	-1	-2
0 neutral	+1	0	-1
-1 negativ	+2	+1	0

Die Werte in den einzelnen Zellen können folgendermaßen interpretiert werden:
- -2 das Verhältnis wurde viel schlechter
- -1 wurde schlechter
- 0 ist gleich geblieben
- +1 wurde besser
- +2 wurde viel besser

Diese Maßzahl läßt sich für jede der drei möglichen Veränderungspunkte berechnen, also für **vor-während, während-nach** und **vor-nach** dem Einsatz. Die folgende Tabelle zeigt anhand dieser Maßzahl die prozentuelle Veränderungen im Verhältnis zu den Entsendeorganisationen pro Veränderungszeitpunkt.

Tabelle 29: Einstellungsveränderungen (in Prozent)

	viel schlechter	schlechter	gleich	besser	viel besser	
vor-während	15%	21%	53%	10%	1%	100%
während-nach	4%	21%	58%	14%	5%	100%
vor-nach	14%	31%	46%	8%	1%	100%

Die Frage, ob und wie stark beispielsweise das Geschlecht und das Bildungsniveau der Befragten oder auch die Einsatzdauer den Einstellungswandel beeinflußt, soll mittels einer univariaten Kovarianzanalyse (siehe dazu

HOLM 1993: 337ff.) beantwortet werden. In diesem Modell wird der Einfluß verschiedener unabhängiger Variable auf die abhängige Variable - in diesem Falle die Einstellungsveränderungen - analysiert. Die folgende Übersicht zeigt anhand der partiellen Korrelationskoeffizienten, welche der angeführten Variablen mit der Einstellungsveränderung in einem signifikanten Zusammenhang steht. Es werden nur jene Koeffizienten angeführt, die ein Signifikanzniveau von mindestens 95% aufweisen.[1]

Tabelle 30: Ergebnisse der Kovarianzanalyse

	Einstellungsveränderungen		
	vor/während	während/nach	vor/nach
Entsendeorganisation			
Interesse der Organisation an den Einsatzerfahrungen	-0.18		-0.23
Zufriedenheit mit der finanziellen Entschädigung	-0.19		-0.23
Geschlecht		0.19	0.18
Bildungsgrad		0.16	
Anzahl der Einsätze			
Einsatzabbruch			
Grad der Erreichung des Projektzieles	-0.22		-0.18
Fußfassen nach der Rückkehr			
erklärte Streuung	**16.1%**	**9.4% n.sig.**	**21.0%**

Wie aus der Abbildung ersichtlich ist, weisen die Variablen *Entsendeorganisation, Anzahl der Einsätze, Einsatzabbruch, Fußfassen nach der Rückkehr* keinen signifikanten Zusammenhang mit dem Einstellungswandel auf. Es

---

[1] Der partielle Korrelationskoeffizient gibt die Stärke des Zusammenhanges einer unabhängigen mit der abhängigen Variablen an, wobei der Einfluß der anderen unabhängigen Variablen rechnerisch "auspartielliert", d.h. eleminiert wird. Durch diesen Koeffizienten lassen sich unabhängige Variable unterschiedlichen Meßniveaus miteinander vergleichen.

treten also weder zwischen IIZ- und ÖED-Rückkehrern noch bei Rückkehrern mit einem Einsatz und solchen mit mehreren Einsätzen wesentliche Unterschiede in dieser Hinsicht auf. Weiters führen größere Schwierigkeiten beim "Fußfassen in der Heimat" zu keiner Änderung des Verhältnisses zur Entsendeorganisation. Dies dürfte darauf zurückzuführen sein, daß - wie bereits an anderer Stelle beschrieben - die Wiedereingliederungsprobleme vielfach als individuell zu lösende Schwierigkeiten angesehen werden, die nicht in den Verantwortungsbereich der entsendenden Organisationen fallen. Als etwas überraschend stellt sich die Tatsache dar, daß auch der Einsatzabbruch keinen wesentlichen Einfluß auf die Einstellungsveränderung aufweist.

Die Variablen *Interesse der Entsendeorganisation, Beurteilung der finanziellen Entschädigung, Geschlecht* und *Zielerreichung* erwiesen sich in diesem Modell als die bestimmenden Einflußgrößen. Die folgende tabellarische Zusammenfassung der Prozentverteilung der unabhängigen Variablen illustriert am Beispiel der Einstellungsveränderungen *vor/nach* dem Einsatz diesen Zusammenhang. Um die Tabelle übersichtlicher zu gestalten, wurden die Kategorien *viel schlechter* und *schlechter* bzw. *besser* und *viel besser* in jeweils eine Kategorie zusammengefaßt.

Tabelle 31: Einstellungswandel (vor/nach dem Einsatz) im Verhältnis zur Entsendeorganisation (in Prozent)

	schlechter	gleich	besser	
Interesse der Organisation				
ausreichend (n=88)	34	53	13	100%
nicht ausreichend (n=106)	55	39	6	100%
finanzielle Entschädigung				
gut (n=81)	38	51	11	100%
ausreichend (n=87)	44	47	9	100%
zuwenig (n=25)	72	28	0	100%
Geschlecht				
weiblich (n=89)	57	35	8	100%
männlich (n=103)	35	55	10	100%
Zielerreichung				
großteils (n=53)	36	49	15	100%
zum Teil (n=98)	44	49	7	100%
nicht (n=23)	74	22	4	100%

Ein als nicht ausreichend empfundenes Interesse an den Einsatzerfahrungen, mangelnde Zufriedenheit mit der finanziellen Entschädigung und ein - nach Meinung der Befragten - geringerer Grad der Zielerreichung führen zu einer signifikanten Verschlechterung des Verhältnisses zur Entsendeorganisation. Darüberhinaus ist bei den weiblichen Befragten eine größere Distanzierung gegenüber der entsendenden Organisation feststellbar. Wie die Ergebnisse der Kovarianzanalyse zeigen, sind - mit Ausnahme der Variablen *Geschlecht* - die angeführten Variablen schon für den Einstellungswandel **vor/während** von signifikanter Bedeutung. Die Einstellungsveränderungen **während/nach** stehen nur mit den Variablen *Geschlecht* und *Bildungsgrad* in einem signifikanten Zusammenhang. Vor allem bei weiblichen Befragten und bei Absolventen einer Allgemeinbildenden oder Berufsbildenden Höheren Schule zeigt sich hier eine kritischere Position zur Entsendeorganisation. Der Gesamteinfluß aller unabhängigen Variablen auf diese abhängige Variable ist allerdings nicht signifikant.

Wie bereits erwähnt, bestand nicht die Absicht, die für die Änderungen im Verhältnis zur Entsendeorganisation verantwortlichen Gründe systematisch zu analysieren, dazu wäre ein anderes methodisches Vorgehen notwendig. Schon allein die Tatsache, daß Entwicklungshelfer nach dem Einsatzende zu ihrem Verhältnis zur Entsendeorganisation vor, während und nach dem Einsatz befragt wurden (sie also eine retrospektive Beurteilung abgeben mußten), kann zu Verzerrungen führen. Eine Panelbefragung von Entwicklungshelfern in der Vorbereitung, im Einsatz und nach der Rückkehr wäre für diese Fragestellung sicherlich angemessener. Es konnten aber dennoch einige Anhaltspunkte für Ursachen des Einstellungswandels der Befragten aufgezeigt werden, die sich vor allem auf den Bereich der Öffentlichkeitsarbeit der Organisationen im positiven wie im negativen Sinne auswirken können. Der Zusammenhang zwischen dem Verhältnis zur Entsendeorganisation und dem Bereich der Öffentlichkeitsarbeit und damit auch der Rekrutierung weiterer Entwicklungshelfer wurde bereits erläutert. Somit stellt z.B. das Interesse der Organisationen an den Einsatzerfahrungen eine bedeutende Einflußgröße in diesem Bereich dar.

9.3. Berufliche Wiedereingliederung

Wie schon gezeigt wurde, stellt - neben Problemen mit dem Lebensstil und Schwierigkeiten im sozialen Umfeld (Freundeskreis, Partnerschaft, Familie) - der berufliche Wiedereinstieg die Rückkehrer vielfach vor große Probleme. Diese resultieren nur zu einem Teil aus der schwierigen Arbeitsmarktsituation. Als Folge der meist mehrjährigen Tätigkeit in einer sich von unserer Gesellschaft naturgemäß deutlich unterscheidenden Arbeitswelt, kommt es zwar in einzelnen Bereichen sicherlich zu technologischen Defiziten, auf der anderen Seite wurden aber auch Kenntnisse und Fertigkeiten erworben, die für die weitere berufliche Tätigkeit bedeutsam sein können. Schon alleine die immer wichtiger werdenden Fremdsprachenkenntnisse stellen sicher eine Hilfe bei der Arbeitssuche dar. Es muß aber auch in Betracht gezogen werden, daß die Art der Einsatztätigkeit und der damit verbundene soziale Status in den jeweiligen Ländern die Vorstellungen über und auch die Ansprüche an die Berufstätigkeit nach der Rückkehr beeinflussen. Wie im Abschnitt über die Projekttätigkeit gezeigt wurde (vgl. Abschnitt 8.3.), ist das Tätigkeitsfeld im Einsatz sehr komplex und durch ein hohes Maß an Eigenverantwortung geprägt. Diese Charakteristik findet sich aber in der Arbeitswelt unserer Gesellschaft nur in höheren und für die Mehrzahl kaum erreichbaren Berufspositionen. Bedingt durch die unterschiedlichen Arbeitswelten und auch durch die erwähnten Veränderungen im Bereich der Einstellungen und der Wertmaßstäbe versuchen viele Rückkehrer ein neues berufliches Betätigungsfeld zu finden, um nicht mehr in die nunmehr als einschränkend empfundenen, hierarchischen Strukturen der ursprünglichen Berufstätigkeit zurückkehren zu müssen (vgl. dazu auch DORNER 1973: 121ff.).

Wie stark die Tendenz in Richtung eines Berufswechsels ist, zeigen auch die Ergebnisse der vorliegenden Befragung: Mehr als die Hälfte der Befragten (52%) übten zum Befragungszeitpunkt nicht mehr den gleichen Beruf wie vor dem Einsatz aus, wobei keine signifikanten geschlechtsspezifischen Unterschiede zu bemerken sind.[1] Deutliche Unterschiede zeigen sich hingegen bei einer nach Berufsgruppen getrennten Betrachtung. Vor allem aus der Gruppe der Facharbeiter und der Angestellten führte mit 70% bzw. mit 80% ein besonders hoher Anteil einen Berufswechsel durch, bei Beschäftigten im Sozial- und Gesundheitsbereich beträgt der vergleichbare Anteil 36%, bei Lehrern 31%. Zwar muß bei diesen Zahlen in Betracht gezogen werden, daß für Beschäftigte im öffentlichen Dienst die Möglichkeit einer Karenzierung besteht und somit der berufliche Wiedereinstieg erleichtert wird, dennoch dürfte aber auch die Unzufriedenheit mit strukturellen Zwängen und die mangelnde Autonomie am Arbeitsplatz vor allem bei den beiden erstgenannten Berufsgruppen einen Berufswechsel zumindest begünstigen. Der dargestellte Zusammenhang zwischen den Einsatzerfahrungen und dem Streben nach beruflicher Veränderung wird auch durch die Tatsache unterstrichen, daß Befragte mit einer längeren Einsatzdauer, bzw. mit mehr als einem Einsatz, eher zu einem Berufswechsel nach dem Einsatz tendieren (Einsatzdauer bis 12 Monate: 31%; 36 Monate und mehr: 58% Berufsänderung).

Insgesamt 72 Befragte (=36%) gaben an, nach der Rückkehr Maßnahmen zur beruflichen Weiterbildung oder zur Umschulung ergriffen zu haben, wobei es sich weitgehend um den oben beschriebenen Personenkreis handelt. Mit fast 67% war der Anteil bei Facharbeitern besonders hoch.

---

[1] Die Berufstätigkeit der Befragten vor dem Einsatz ist aus Tabelle 6 auf Seite 39 ersichtlich.

Die angeführten Zahlen zeigen, daß sich die berufliche Situation für viele Rückkehrer im Vergleich zur Zeit vor dem Einsatz verändert hat. Wie stark dieser Unterschied von den Befragten selbst eingeschätzt wird, ist aus der folgenden Antwortverteilung auf die diesbezügliche Frage ersichtlich:
- sehr stark   30% (n=58)
- stark   27% (n=52)
- etwas   29% (n=56)
- gar nicht   14% (n=28)

Die Einsatztätigkeit führte also bei der Mehrzahl der Befragten zu deutlichen Veränderungen in der beruflichen Laufbahn. Nur 14% gaben an, daß keine Veränderung der Berufssituation eingetreten ist, hingegen klassifizierten deutlich mehr als die Hälfte der Befragen den Unterschied als *stark* oder *sehr stark*. Es liegt auf der Hand, daß diese Gruppe weitgehend mit dem im Abschnitt über den Berufswechsel angeführten Personenkreis ident ist und somit an dieser Stelle auf eine genauere Beschreibung verzichtet werden kann.

Es ist aber nicht nur von Interesse, ob und wie stark sich die berufliche Situation durch den Einsatz verändert hat, sondern auch, in welche Richtung und in welchem Bereich. Die folgende Tabelle zeigt, welche Veränderungen bezüglich der finanziellen Lage und bezüglich der Arbeitsbedingungen eingetreten sind.

Tabelle 32: Veränderungen bezüglich der finanziellen Lage und der Arbeitsbedingungen (in Prozent)

	viel besser	besser	gleich	schlechter	viel schlechter	
finanzielle Lage	2	10	57	22	9	100%
Arbeitsbedingungen	3	19	59	15	4	100%

Die Einsatztätigkeit hat also für die Mehrzahl der Befragten hinsichtlich ihrer beruflichen Situation keine Verbesserungen zur Folge. Fast ein Drittel beurteilt die finanzielle Lage sogar als schlechter und auch die Arbeitsbedingungen werden von fast 20% als schlechter beurteilt.

Bei den Befragten, die einen Berufswechsel durchführten, zeigt sich dieser Trend noch deutlicher (in Klammer: Prozentwerte für Befragte ohne Berufswechsel):

- *finanzielle Lage*
  - besser   19% (6%)
  - gleich   42% (73%)
  - schlechter 39% (21%)
- *Arbeitsbedingungen*
  - besser   28% (17%)
  - gleich   43% (75%)
  - schlechter 29% (8%)

Der Berufswechsel führt also bei 39% zu einer Verschlechterung der finanziellen Lage. Dies läßt sich zum Teil dadurch erklären, daß diese Gruppe sowohl Frauen beinhaltet, die nach dem Einsatz ihren Beruf aufgaben, um sich der Kinderbetreuung zu widmen als auch den Personenkreis, der nach dem Einsatz eine Ausbildung begann (mehrfach genannt wurde dabei: Studium, Pädagogische Akademie, Sozialakademie). Zum anderen Teil spielt dabei sicherlich der erwähnte Einstellungswandel der Rückkehrer eine Rolle, der dazu führt, daß nicht in erster Linie pekuniäre Überlegungen die Arbeitsplatzsuche bestimmen. Allerdings haben auch 29% dieser Gruppe angegeben, daß sich die Arbeitsbedingungen verschlechtert haben.

Da die Mehrzahl der Befragten nach der Rückkehr zumindest einige Monate arbeitslos war, soll zum Abschluß des Abschnittes über die berufliche Wiedereingliederung kurz auf diesen Problembereich eingegangen werden. 44% waren bis zu 6 Monaten, 11% bis zu einem Jahr und 5% mehr als ein Jahr arbeitslos, 39% waren von diesem Problem nicht betroffen bzw. machten keine Angabe. Die mittlere Dauer der Arbeitslosigkeit beträgt 4 Monate, wobei, bedingt durch die große Streuung, der Median als Maßzahl gewählt wurde. In Einzelfällen wurde ein Zeitraum der Arbeitslosigkeit von zwei bis vier Jahren genannt. Weder hinsichtlich des Auftretens von Arbeitslosigkeit noch hinsichtlich der Dauer zeigten sich signifikante Unterschiede zwischen männlichen und weiblichen Befragten. Hingegen waren die Befragten, die einen Berufswechsel durchführten, eher und auch über einen längeren Zeitraum von Arbeitslosigkeit betroffen.

Tabelle 33: Zusammenhang zwischen Berufswechsel und Arbeitslosigkeit (in Prozent)

	Arbeitslosigkeit (Monate)				
	keine	1-6	7-12	12 +	
Berufswechsel (n=105)	33.3	43.8	14.3	8.6	100%
kein Berufswechsel (n=97)	45.4	45.4	7.2	2.0	100%

Aus der schon erwähnten Tatsache, daß eine längere Einsatzdauer bzw. die Durchführung mehrerer Einsätzen eher einen Berufswechsel zur Folge hat, resultiert tendenziell auch eine längere Dauer der Arbeitslosigkeit. So waren von den Befragten mit einem Entwicklungshilfeeinsatz 13% länger als 6 Monate arbeitslos, bei Befragten mit Mehrfacheinsätzen beträgt dieser Anteil 26%.

9.4 Entwicklungspolitisches Engagement nach dem Einsatz

Ob und in welcher Form Entwicklungshelfer nach ihrer Rückkehr entwicklungspolitisch tätig werden, hängt mit ihrem Selbstverständnis zusammen, d.h. mit der Frage, wie sie die gesellschaftspolitische Rolle, die aus der Einsatztätigkeit resultiert, definieren. Um Aufschlüsse über diesen Bereich zu bekommen, wurden den Befragten eine Reihe von einzeln zu bewertenden Aussagen vorgegeben. Die folgende Tabelle zeigt die Antwortverteilung der einzelnen Statements, wobei eine Reihung nach dem Zustimmungsgrad vorgenommen wurde. Die Antwortkategorien *ja* und *eher ja* wurden in die Kategorie *Zustimmung* und *eher nein* und *nein* in die Kategorie *Ablehnung* zusammengefaßt.

Tabelle 34: Rollenbild ehemaliger Entwicklungshelfer (EH)
(zeilenweise prozentuiert)

	Zustimmung	unentschieden	Ablehnung
Ehemalige EH müssen die Aufgabe der Entwicklungshilfe in der Öffentlichkeit bekanntmachen	87.5	9.0	3.5
Ehemalige EH müssen auch in Österreich gesellschaftsverändernd auftreten	76.9	15.6	7.5
EH leisten einen entscheidenden Beitrag zur Völkerverständigung	75.0	22.0	3.0
Ehemalige EH sollten sich unbedingt in der Sozialarbeit engagieren	20.1	49.2	30.7
EH können im Entwicklungsland nicht viel tun, weil sie die Abhängigkeitsstrukturen nicht verändern können	18.6	26.6	54.8
Ehemalige EH müssen versuchen, die mehrjährige Abwesenheit durch besonderen Einsatz im Beruf auszugleichen	12.5	18.0	69.5
Zum EH muß man geboren sein, EH zu sein, läßt sich nicht lernen	8.6	21.7	69.7
Nur ein religiös motivierter Mensch kann Entwicklunghilfe leisten	9.0	11.9	79.1
Ehemalige EH haben bereits einen Einsatz geleistet und sollen sich jetzt ausschließlich ihrem eigenen Fortkommen widmen	1.5	9.9	88.6

Fast alle Befragten erachten es also als notwendig, ihre entwicklungspolitische Tätigkeit auch nach dem Einsatz fortzusetzen. Ein Vergleich mit der Studie aus dem Jahre 1978, bei der die gleichen Aussagen Verwendung fanden, zeigt, daß sich an dieser Einschätzung sehr wenig verändert hat (SCHOLTA/ZAPOTOCZKY 1978: 91). Bis auf wenige Ausnahmen, entsprach sogar die Reihung der Aussagen der damaligen Befragung den gezeigten Ergebnissen. Der Zustimmungsgrad zu einem gesellschaftsverändernden Engagement ist etwas angestiegen, während eine ausschließlich religiös motivierte Entwicklungshilfe deutlich häufiger abgelehnt wird (79% vs. 55%). Diese Tendenz, die sich auch schon bei den allgemeinen und persönlichen Motiven zeigte, ist im Zusammenhang mit der fortschreitenden Säkularisierung zu sehen, die auch vor dem Bereich der Entwicklungshilfe nicht Halt macht (vgl. dazu DER SPIEGEL Nr. 25/92).

Nach diesem klaren *verbalen* Bekenntnis der Befragten zur Notwendigkeit entwicklungspolitischer Tätigkeit auch nach der Rückkehr, soll nun auf Art und Umfang des *tatsächlichen* Engagements eingegangen werden.

Waren Sie nach Ihrem Einsatz weiter entwicklungspolitisch aktiv?

- nein   20%   (n= 39)
- ja, kurze Zeit   15%   (n= 29)
- ja, über längerem Zeitraum   7%   (n= 14)
- ja, bin es noch   60%   (n=117)

Es zeigt sich, daß die Befragten nicht nur allgemein dieses Engagement befürworten, sondern auch praktisch in die Tat umsetzen. 80% gaben an, entwicklungspolitisch aktiv gewesen zu sein, fast 60% der Befragten waren es zum Befragungszeitpunkt noch immer. Für 20% der befragten Rückkehrer endete ihr entwicklungspolitisches Engagement mit der Rückkehr. In dieser Gruppe sind Frauen und Entwicklungshelfer mit verkürzter Einsatzdauer signifikant häufiger zu finden (keine weitere Aktivitäten: Frauen 27%/Männer 14%; Einsatzabbruch 32%/kein Abbruch 14%). Die nach wie vor existierenden tradierten Rollenklischees, die Frauen ein gesellschaftspolitisches Engagement erschweren, haben sicherlich einen Einfluß auf den höheren Frauenanteil dieser Gruppe. Hingegen zeigten sich keine signifikanten Zusammenhänge zwischen dem weiteren Engagement und der Entsendeorganisation, der Anzahl der Einsätze, dem Familienstand und dem Bildungsgrad. Fast alle Befragten, die schon vor dem Einsatz entwicklungspolitisch aktiv waren, führten dieses Engagement auch nach Einsatzende weiter, wobei mehr als drei Viertel dieser Gruppe angaben, noch immer aktiv zu sein. Angemerkt werden muß noch, daß der prozentuelle Anteil der Befragten, die angaben, noch immer entwicklungspolitisch aktiv zu sein, unabhängig vom Jahr der Rückkehr ist.

Zur Erfassung der Art der Aktivitäten wurde eine Reihe von Möglichkeiten vorgegeben, wobei Mehrfachnennungen möglich waren (Ausgangsbasis für die Prozentuierung sind jene 160 Befragten, die nach ihrem Einsatz weiter entwicklungspolitisch aktiv waren bzw. sind):

- Vorträge, Diskussionsabende   90% (n=144)
- Dritte-Welt-Gruppen   35% (n= 56)
- Artikel für Zeitungen u. Zeitschriften,
  Bücher, Radio, Fernsehen   30% (n= 48)
- Erwachsenenbildung   19% (n= 31)
- Selbstbesteuerungsgruppe   14% (n= 23)

Neben diesen vorgegebenen Formen entwicklungspolitischen Engagements, konnten noch zusätzliche Aktivitäten angeführt werden. Von dieser Möglichkeit machten 47 Befragte (29%) Gebrauch, wobei mehrfach genannt wurden: berufliche Tätigkeit in diesem Bereich, Unterrichtsinhalte, Veränderung des Lebensstils. Die verbleibenden Nennungen beschreiben eine ganze Palette möglichen entwicklungspolitischen Engagements: Städtepartnerschaften, Predigten, Mitarbeit bei Organisationen, Entwicklungshelfervorbereitung, Herausgabe einer Zeitschrift usw.

Diskussionen und Vorträge sind die bei weitem überwiegenden entwicklungspolitischen Aktivitäten. Allerdings ist bei diesen beiden Aktivitäten der Anteil der Befragten, die angaben, nur kurze Zeit aktiv gewesen zu sein, mit 19% am größten (5% - 10% bei den übrigen). Dies deutet darauf hin, daß diese Gruppe im Anschluß an den Entwicklungshilfeeinsatz einen oder mehrere Vorträge in der Heimatgemeinde oder -pfarre hielt, möglicherweise nicht zuletzt, um Rechenschaft über empfangene Spendengelder zu leisten, in der Folge aber die entwicklungspolitischen Tätigkeiten aufgaben.

Mit wenigen Ausnahmen zeigen sich bei den einzelnen Aktivitäten keine signifikanten Unterschiede hinsichtlich Geschlecht, Bildungsgrad und Anzahl der Einsätze. Im Bereich der Erwachsenenbildung sind Befragte mit mehr als einem Einsatz deutlich häufiger tätig. 36% dieser Gruppe nannten diese Kategorie, bei den Befragten mit einem Einsatz sind es nur 13%. Im Bereich der Medienarbeit sind eher Männer und Absolventen einer Universität aktiv (Männer: 33%/Frauen: 21%; Universitätsabsolventen: 48%/restl. Ausbildungstypen: 16-24%).

Die Bedeutung, die der entwicklungspolitischen Öffentlichkeitsarbeit seitens der Befragten zugemessen wird und die sich auch in konkreten Aktivitäten zeigt, bildet ein wichtiges, aber auch oftmals unterschätztes, Element der Entwicklungspolitik. Der Beitrag, den ehemalige Entwicklungshelfer zur Information über Entwicklungshilfe und damit zur Hebung der Akzeptanz entwicklungspolitischer Maßnahmen in der Öffentlichkeit geleistet haben bzw. leisten, läßt sich ermessen, wenn man sich vor Augen hält, daß mehr als 1000 Entwicklungshelfer seit Beginn der 60er Jahre tätig waren. Auch wenn in den letzten Jahren seitens der Entsendeorganisationen Maßnahmen gesetzt wurden, entwicklungspolitische Aktivitäten ehemaliger Entwicklungshelfer zu unterstützen (z.B. ÖED: Seminar "Zweiteinsatz in Österreich"), ist die Öffentlichkeitsarbeit der einzelnen Entwicklungshelfer weitgehend vom persönlichen Engagement und auch von den zur Verfügung stehenden Möglichkeiten abhängig. Es wäre wünschenswert, wenn Mittel der staatlichen Entwicklungshilfe verstärkt auch diesem Bereich zugute kämen, um das große Engagement organisatorisch und finanziell zu unterstützen. Den Rahmen dafür könnten die Entsendeorganisationen, der Österreichische Informationsdienst für Entwicklungspolitik (ÖIE), eine zu schaffende Interessensvertretung oder ein Expertenpool (vgl. dazu KASPAR 1989: 115ff.) bilden. Welche Form auch gewählt wird, Ziel müßte es sein, den tatsächlichen Beitrag ehemaliger Entwicklungshelfer zur entwicklungspolitischen Öffentlichkeitsarbeit anzuerkennen und damit auch den Stellenwert der entwicklungspolitischen Bildungsarbeit in Österreich zu erhöhen.

10. EXKURS: EINSATZVERKÜRZUNGEN

Wie bereits an anderer Stelle erwähnt wurde, gaben insgesamt 62 Befragte (31%) an, ihren bzw. einen ihrer Einsätze vorzeitig beendet zu haben. In Anbetracht der Höhe dieses Anteils erscheint es angebracht, auf diese Problematik in einem eigenen Abschnitt näher einzugehen.

Es ist zwar ein Gemeinplatz, daß die zu einem Einsatzabbruch führenden Gründe vielfältiger Natur sein können, anzuführen wären beispielsweise gesundheitliche Probleme, familiäre oder persönliche Schwierigkeiten, aber auch Konflikte im Einsatzprojekt. Da diese, individuell sehr verschiedenen Problemsituationen von den Betroffenen, die dabei oftmals mit großen psychischen oder physischen Belastungen zu kämpfen haben, klarerweise als persönliches Schicksal erlebt werden, erscheint es umso bemerkenswerter, daß der prozentuelle Anteil der Einsatzverkürzungen über einen längeren Zeitraum annähernd konstant ist. So haben in der Vergleichstudie aus dem Jahre 1978 (die sich allerdings nur auf ÖED-Rückkehrer bezog) ebenfalls 31% der Befragten angegeben, ihren Einsatz vorzeitig abgebrochen zu haben (SCHOLTA/ZAPOTOCZKY 1978: 29). Bei der vorliegenden Untersuchung beträgt der entsprechende Prozentwert für die ÖED-Rückkehrer knapp 35% und für jene des IIZ 16%. Ein Grund für den deutlich höheren Anteil beim ÖED liegt sicherlich in der längeren Vertragsdauer dieser Organisation. Über weitere Ursachen könnten nur Spekulationen angestellt werden, umsomehr, als in den Jahresberichten des IIZ keine Informationen über Anzahl und Gründe von vorzeitigen Einsatzbeendigungen zu finden sind. Der tatsächliche Unterschied dürfte auch etwas geringer sein, da beim ÖED ein langjähriger Durchschnittswert für Einsatzverkürzungen von 21% angegeben wird (vgl. ÖED-Jahresbericht 1991: 24). Dies läßt vermuten, daß diese Gruppe bei der vorliegenden Untersuchung etwas überrepräsentiert ist.

Mit 33% gegenüber 27% ist der Anteil der weiblichen Befragten, die ihren Einsatz verkürzten etwas höher, wobei dies für beide Entsendeorganisationen zutrifft. Auch die zitierte Vergleichsuntersuchung kommt zu diesem Ergebnis. Kein statistisch signifikanter Zusammenhang zeigte sich zwischen der Einsatzverkürzung und dem Alter und Familienstand bei Einsatzbeginn, dem Bildungsgrad und dem Beruf vor dem Einsatz.

In offener Form wurde auch nach den Gründen der Einsatzverkürzung gefragt. Da oftmals sehr ausführliche Problemschilderungen vorgenommen oder ganze Bündel unterschiedlicher Schwierigkeiten angeführt wurden, kann durch die erforderliche Zuordnung in Kategorien die folgende Auswertung der Realität nur oberflächlich gerecht werden.

Für mehr als 30% sind die Gründe in Schwierigkeiten im Einsatzprojekt zu suchen, wobei diese Kategorie sowohl Probleme mit dem Projektträger, Projektmitarbeitern, anderen Entwicklungshelfern als auch mit der entsendenden Organisation umfaßt. Beispielshaft seien einige Nennungen angeführt:

Differenzen bezüglich Ziel, Art und Inhalt der notwendigen Projektumgestaltung; Probleme mit Missionsmitgliedern; Keine Einigkeit über Art des Einsatzes; Unfähigkeit der Entsendeorganisation - keine Unterstützung aus Österreich. Derartige Gründe wurden von männlichen Befragten zu einem deutlich höheren Ausmaß angeführt, wobei sich dieser Trend auch in der Vergleichuntersuchung zeigte (vgl. SCHOLTA/ZAPOTOCZKY 1978: 32).

Von ungefähr 15% der Befragten, die ihren Einsatz verkürzten, wurden familiäre oder persönliche Gründe - sowohl im Einsatzland als auch in Österreich - angegeben.

Mehr als 20% der Frauen führten als Grund für den Einsatzabbruch die Geburt eines Kindes oder eine Schwangerschaft an. Dieser hohe Prozentsatz stellt sicherlich eine wesentliche Erklärung des höheren Frauenanteils bei den Einsatzverkürzungen dar.

Für ungefähr 10% der Einsatzverkürzungen wurden gesundheitliche Probleme als Ursache angeführt, wobei der Frauenanteil etwas größer ist.

Die verbleibenden Gründe betreffen einerseits ein sehr breites Spektrum weiterer möglicher Ursachen oder entziehen sich andererseits durch das Zusammenkommen einer ganzen Reihe von Schwierigkeiten einer eindeutigen Zuordnung. Angeführte Gründe waren z.B.: Anpassungsprobleme in fremder Kultur, günstiges berufliches Angebot in Österreich, Probleme mit der persönlichen Sicherheit.

Diese Ergebnisse decken sich im großen und ganzen mit einer Analyse der Einsatzverkürzungen durch den ÖED: *"Etwa die Hälfte ... aus Gründen, die nicht vorhersehbar und vom Entwicklungshelfer nicht beeinflußbar sind (Krankheit, familiäre Schwierigkeiten ....). Im übrigen sind Gründe ausschlaggebend, die entweder in der Person des Entwicklungshelfers liegen (mangelnde Anpassungsfähigkeit, psychische Labilität, fehlende Motivation) oder aber in der Situation des Projektes (Schwierigkeiten mit dem Projektpartner, mangelnde Projektvorbereitung, vorzeitige Lokalisierung usw.)."* (ÖED 1989: 47)

Wie bereits an anderer Stelle näher ausgeführt (siehe Tabelle 27), wurde auch nach den Schwierigkeiten, die bei der Projekttätigkeit auftreten können, gefragt. Da dieser Bereich in einem engen Zusammenhang mit den Abbruchgründen steht, war zu vermuten, daß die Befragten, die ihren Einsatz verkürzten, mit deutlich mehr der angeführten Schwierigkeiten konfrontiert waren. Angemerkt sei noch, daß insgesamt 17 Aussagen vorgegeben wurden, die jeweils mit *trifft stark zu, trifft zu, trifft kaum zu, trifft nicht zu* bewertet werden konnten. Diese Hypothese konnte bestätigt werden, da - mit Ausnahme der Aussagen bezüglich des Mangels an finanzieller Ausstattung und des Mangels an Sachgütern - alle Aussagen von dieser Befragtengruppe häufiger als zutreffend bezeichnet wurden. Bei 8 der 17 Aussagen zeigten sich signifikante Unterschiede, die folgende Abbildung illustriert. Sie zeigt den prozentuellen Anteil zustimmender Antworten, wobei, aus Gründen besserer Übersichtlichkeit, die ersten beiden Antwortkategorien (*trifft stark zu* und *trifft zu*) zusammengefaßt wurden.

Abbildung 18: Zusammenhang zwischen Einsatzverkürzung und Schwierigkeiten bei der Projekttätigkeit

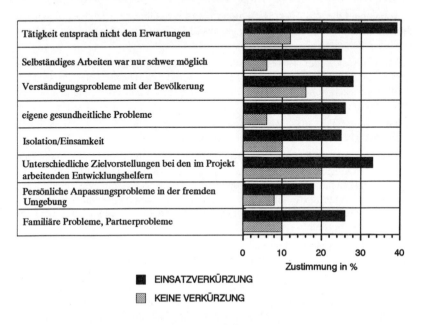

Es zeigt sich also auch bei dieser Frage, daß die hauptsächlichen Probleme in Schwierigkeiten bei der Projekttätigkeit, im persönlichen und familiären sowie im gesundheitlichen Bereich lagen. Auffällig ist, daß ein vergleichsweise hoher Prozentsatz (39%) der Aussage, *die Tätigkeit entsprach nicht den Erwartungen*, zustimmte, während der Vergleichswert der Gruppe ohne Einsatzverkürzung nur 12% beträgt. Da davon ausgegangen werden kann, daß seitens der Entsendeorganisationen im Rahmen des Vorbereitungsprogrammes auch der Versuch unternommen wird, durch Informationen bezüglich des zukünftigen Einsatzprojektes unrealistische Erwartungen zu verhindern, müßte sich ein Zusammenhang zwischen der negativen Beurteilung des Vorbereitungsbereiches *Informationen über das Einsatzprojekt*, dem Einsatzabbruch und besonders der Zustimmung zur oben angeführten Aussage feststellen lassen.

Tatsächlich zeigt sich, daß der genannte Vorbereitungsbereich sowohl bezüglich des Umfanges als auch der Qualität nach einem Einsatzabbruch schlechter beurteilt wird. So bezeichneten 67% dieser Gruppe die gegebenen

Informationen als nicht ausreichend. Da mit 56% allerdings auch der Prozentsatz der Befragten ohne Einsatzverkürzung relativ hoch ist, handelt es sich dabei allerdings um keinen statistisch signifikanten Unterschied. Ein deutlicher, auch statistisch signifikanter Unterschied ist bei der Beurteilung der Qualität zu bemerken. 47% beurteilten diesen Bereich als *schlecht*, 22% als *gut*, während das Verhältnis der Vergleichsgruppe 35% zu 41% beträgt.

Auch die Hypothese bezüglich des Zusammenhanges zwischen einer nicht den Erwartungen entsprechenden Einsatztätigkeit und der negativen Beurteilung der Projektinformationen, fand eine Bestätigung. Von den Befragten, die dieser Aussage zustimmten, beurteilten 87% die Informationen als nicht ausreichend und 60% als schlecht, die Werte der Vergleichsgruppe liegen bei 53% bzw. bei 33%.

In diesem Zusammenhang ist auch noch die Antwortverteilung auf die Frage nach dem Vorhandensein einer Projekt- oder Arbeitsbeschreibung interessant. Diese Frage wurde von 23% der Befragten mit einer Einsatzverkürzung verneint. Aber auch die vorhandenen Beschreibungen wurden deutlich kritischer beurteilt. 40% bezeichneten sie als *nur teilweise* und 23% als *überhaupt nicht* zutreffend. Im Vergleich dazu beklagten nur 13% der Vergleichsgruppe das Fehlen einer Beschreibung, ebenfalls nur knapp 6% bezeichneten sie als nicht zutreffend. Eine nicht adäquate Projektinformation wurde demnach deutlich häufiger von Entwicklungshelfern, die einen Einsatz verkürzten, konstatiert, wobei - möglicherweise eine Folge davon - vielfach die Projektrealität nicht der Erwartungen entsprach.

Verständlicherweise wurde auch die Frage bezüglich der Erreichung des Projektzieles nach einer Einsatzverkürzung signifikant negativer beurteilt. Es zeigte sich folgende Antwortverteilung (in Klammer die Werte der Vergleichsgruppe - ohne Einsatzverkürzung):

- ja, zum Großteil   21% (35%)
- ja, zum Teil   50% (59%)
- nein   29% (6%)

Es wurde weiters der Frage nachgegangen, ob sich Einsatzverkürzungen über alle Einsatzländer bzw. Projektschwerpunkte in etwa gleich verteilen oder ob besondere Häufigungen feststellbar sind. Zu überdurchschnittlich vielen Verkürzungen kam es in der Zentralafrikanischen Republik und in Nicaragua. Auf der anderen Seite wurden relativ wenige Einsätze in Kenia und Tansania vorzeitig beendet. Hinsichtlich des Projektschwerpunktes waren von Einsatzverkürzungen vor allem Dorfentwicklungsprojekte, Projekte aus dem Sozialbereich sowie aus dem technisch-handwerklichen Bereich betroffen. Mit knapp 15% liegt die geringste Verkürzungsquote bei Projekten im Gesundheitsbereich, aber auch im Schulbereich ist eine unterdurchschnittliche Rate festzustellen.

Die konkrete Arbeit in einem Einsatzprojekt ist nicht zuletzt auch durch die Motivation bestimmt, die der Einsatzentscheidung zugrunde lag. Zur

Beschreibung der Motivstruktur wurde in der vorliegenden Untersuchung von fünf Motivdimensionen (Erfahrungsgewinn, Helfermotiv, Sinnsuche, Flucht- und Persönlichkeitsbildungsmotiv, Berufsorientierung) ausgegangen, die in unterschiedlicher Gewichtung diese Entscheidung beeinflussen (siehe dazu Abschnitt 6.2.). Eine Analyse der Motivstruktur der Befragten, die ihren Einsatz vorzeitig beendeten, ergab bei keiner der angeführten Motivdimensionen signifikante Unterschiede zur Vergleichsgruppe. Damit konnte die Vermutung, daß Einsatzverkürzungen auch mit einer speziell gelagerten Einsatzmotivation in Zusammenhang stehen, keine Bestätigung finden.

Im letzten Teil dieses Exkurses soll noch der Frage nachgegangen werden, ob Rückkehrer nach einer Einsatzverkürzung mit speziellen Problemlagen konfrontiert sind. Im großen und ganzen wird von dieser Gruppe das *"Fußfassen nach der Rückkehr"* als etwas leichter empfunden. Dies entspricht auch der im Abschnitt 9.1. aufgezeigten Tendenz, daß mit zunehmender Einsatzdauer das "Fußfassen" als schwieriger angesehen wird. Allerdings sind Rückkehrer nach vorzeitigen Einsatzbeendigungen häufiger von finanziellen und gesundheitlichen Problemen betroffen. Hinsichtlich der beruflichen Situation sind keine wesentlichen Unterschiede zur Vergleichsgruppe zu bemerken. Weder sind Berufswechsel oder Umschulungen häufiger, noch zeigen sich Unterschiede in Häufigkeit und Dauer von Arbeitslosigkeit. Die Ausführungen im vorangegangenen Abschnitt über die Wiedereingliederungsprobleme der Rückkehrer sind also auch für diese Gruppe gültig, da sich die Situation kaum von der von Rückkehrern nach vertragsgemäßer Einsatzbeendigung unterscheidet.

Auf die Frage, ob die Entsendeorganisationen nach der Rückkehr bei der Wiedereingliederung geholfen hat, antworten mit (Prozentwerte der Vergleichsgruppe in Klammer)

- ja, ausreichend   24%   (41%)
- ja, aber zuwenig   10%   (7%)
- nein   66%   (52%)

Dieses Ergebnis könnte schon darauf hindeuten, daß sich Rückkehrer nach Einsatzverkürzungen häufiger von ihrer Entsendeorganisation im Stich gelassen fühlen. Dies zeigt sich auch bei der Einschätzung des Verhältnisses zur Entsendeorganisation *nach* dem Einsatz. 31% beurteilen dieses als *positiv*, 40% als *neutral* und 29% als *negativ*. (Die Vergleichswerte betragen: 48%, 38% und 14%.) Das Verhältnis wird also von dieser Befragtengruppe negativer bewertet, wobei anzumerken ist, daß auf die Frage, wie das Verhältnis *vor* dem Einsatz war, kein Unterschied im Antwortverhalten festzustellen war. Es ist also zu vermuten, daß - neben der als mangelhaft empfundenen Hilfestellungen nach der Rückkehr - ein Teil dieser Befragten die jeweilige Entsendeorganisation auch für die vorzeitige Einsatzbeendigung mitverantwortlich macht.

Es wird seitens der Entsendeorganisationen nicht möglich sein, vorzeitige Einsatzbeendigungen unter eine gewisse Größenordnung abzusenken oder gar auszuschließen, dazu ist die Projektarbeit vor Ort ein viel zu komplexes und auch zu wenig kalkulierbares Feld. Im Rahmen der Selektion und Vorbereitung der Entwicklungshelfer, der Auswahl der Einsatzländer, -projekte und Projektträger ist aber sicherlich noch ein Potential gegeben, die Abbruchsrate zu senken und damit nicht zuletzt auch den davon Betroffenen oftmals psychisches und pyhsisches Leid zu ersparen. Positiv zu vermerken ist, daß diese Sichtweise auch von Entsendeorganisationen geteilt wird, wie folgendes Zitat zeigt: *" ... muß sich auch der ÖED fragen, ob nicht Fehler bei der Projektauswahl, der Auswahl des Entwicklungshelfers oder der Zuordnung des Projektes gemacht worden sind."* (ÖED 1989: 47)

11. ABSCHLIESSENDE BEMERKUNGEN

Wer entscheidet sich aus welchen Gründen für einen Entwicklungshilfeeinsatz? Welche Vorbereitung ist dazu notwendig? Wie stellt sich die Projektrealität im Einsatzland dar und mit welchen Schwierigkeiten ist die Wiedereingliederungsphase nach dem Einsatzende verbunden? Dies sind kurz zusammengefaßt die wesentlichen Fragen, deren Beantwortung in der vorliegenden Arbeit versucht wurde. Diese Situationsbeschreibung war jedoch nicht das alleinige Ziel. Wie schon in der Einleitung ausgeführt wurde, ist die Entwicklungshilfe allgemein und damit auch der Bereich der Personalentsendungen nicht unumstritten. Entsprechend der Zuordnung der eigenen Position zum "Lager" der "Reformisten" (siehe Einleitung) besteht ein wesentliches Anliegen dieser Arbeit auch darin, ausgehend von den Erfahrungen, Meinungen und der geäußerten Kritik der befragten Entwicklungshelfer, Anstöße zur Situationsverbesserung zu leisten. Im letzten Abschnitt dieser Arbeit soll deshalb - neben einer zusammenfassenden Darstellung von Untersuchungsergebnissen - versucht werden, konkrete Problembereiche bezüglich Einsatzvorbereitung, Projekttätigkeit und Wiedereingliederung anzusprechen und wenn möglich Empfehlungen zu formulieren. Nachdem aber schon die eigene Grundposition zur Entwicklungszusammenarbeit angesprochen wurde, soll auch die Meinung der befragten Entwicklungshelfer dazu dargestellt werden. Es wurden ihnen 16 Aussagen zur Entwicklungshilfe vorgegeben, die mittels einer fünfstufigen Antwortskala zu bewerten waren. (Die vollständige prozentuelle Antwortverteilung ist im Anhang zu finden.) Mit einer Zustimmung von 74% wurde die Aussage *"Es ist einfach nicht gerecht, daß es uns besser geht als den Entwicklungsländern, daher müssen wir helfen"* an die erste Stelle gereiht. An zweiter und dritter Stelle sind folgende Aussagen zu finden: *"Die von den Industrieländern geleistete Entwicklungshilfe nützt in erster Linie den Industrieländern selbst, nicht aber den Entwicklungsländern", "Die Entwicklungshilfe, wie sie jetzt geleistet wird, ist nicht zielführend. Eine Neuorientierung ist unbedingt erforderlich".* Den geringsten Zustimmungsgrad fand mit 9% die Aussage *"Entwicklungshilfe ist nur ein Tropfen auf dem heißen Stein und hat letztendlich doch keinen Sinn".* Es zeigt sich also deutlich, daß zwar - vor allem aus moralisch-humanitären Gründen - die Notwendigkeit von Maßnahmen der Entwicklungszusammenarbeit betont, aber auch, daß die gegenwärtige Form dieser Zusammenarbeit sehr kritisch gesehen wird. Ohne den folgenden Ausführungen vorgreifen zu wollen, sei angemerkt, daß die Meinung der Praktiker bei der notwendigen Diskussion um eine Neugestaltung der öffentlichen Entwicklungszusammenarbeit verstärkt gehört werden sollte.

Für die **Rekrutierung** zukünftiger Entwicklungshelfer stellten sich vor allem die Kontakte zu aktiven oder ehemaligen Entwicklungshelfern als entscheidend heraus. Die Informationen der Entsendeorganisationen sind mit deutlichem Abstand erst an zweiter Stelle zu finden. Daneben spielen auch noch kirchliche Organisationen eine nicht unwesentliche Rolle. Ohne polemisch sein zu wollen, kann doch gesagt werden, daß sich teure Werbekampagnen weniger wirksam als die kostengünstige Werbung durch Entwicklungshelfer darstellen. Die Entsendeorganisationen, die im Bereich der Personalwerbung derzeit vor allem bei Interessentenseminaren auf die Erfahrungen ehemaliger Praktiker zurückgreifen, könnten durch die Erschließung zusätzlicher Rekrutierungsfelder (z.B. Schule, Gewerkschaft, Universität) dem Personalmangel entgegenwirken und auf der anderen Seite auch ehemaligen Entwicklungshelfern ein zusätzliches (bezahltes) Betätigungsfeld bieten.

Bei der Frage nach den **Einsatzmotiven** fand die Aussage *"Menschen mit anderen Lebensgewohnheiten und Ansichten kennenlernen"* die größte und *"um später beruflich vorwärts zu kommen"* die geringste Zustimmung. Die 19 Einzelaussagen wurden zu fünf Motivdimensionen zusammengefaßt, die (gereiht nach Wichtigkeit) wie folgt benannt wurden: Erfahrungsgewinn, Helfermotiv, Sinnsuche, Flucht- bzw. Persönlichkeitsbildungsmotiv, Berufsorientierung. Es zeigte sich also eine vorwiegend idealistische Motivation des Entwicklungshilfeeinsatzes, wobei auch die Möglichkeit, Erfahrungen zu gewinnen und den eigenen Horizont zu erweitern, als bedeutsam angesehen wurde. Gründe, die sich eher auf die eigene Lebenssituation beziehen, wurden von den Befragten durchwegs als weniger wichtig eingestuft.

Bei der Bewertung der von den Entsendeorganisationen angebotenen **Einsatzvorbereitung** standen vor allem drei Ausbildungsbereiche im Zentrum der Kritik: *Sprache der Projektregion, Pädagogik/Didaktik* und *Informationen über das Einsatzprojekt*. Von 10 vorgegebenen Ausbildungsbereichen wurden diese drei sowohl hinsichtlich des Umfanges als auch der Qualität am negativsten beurteilt. Auffällig war weiters, daß sich die Befragten der beiden Entsendeorganisationen bei dieser Beurteilung kaum voneinander unterschieden, obwohl die Vorbereitungskonzepte stark voneinander abweichen. Auf die Frage, wie wichtig die Vorbereitung durch die Entsendeorganisationen für die spätere Einsatztätigkeit war, gaben zwar 71% wichtig bzw. sehr wichtig an, einen höheren Stellenwert wiesen jedoch die zusätzliche eigene Vorbereitung (76%), das soziale und entwicklungspolitische Engagement (80%) und die berufliche Erfahrung mit 90% auf. Neben der Lektüre über das Einsatzland bestand die eigene Vorbereitung vor allem aus Kontakten mit ehemaligen und aktiven Entwicklungshelfern. Fast einhellig waren die Befragten der Meinung, zumindest Teile des Vorbereitungsprogrammes im Einsatzland durchzuführen.

Von vielen Befragten wurde die Forderung erhoben, Rückkehrer verstärkt ins Ausbildungsprogramm einzubinden, wobei besonders auch "Einsatzabbrecher" oder solche mit negativen Projekterfahrungen zu Wort kommen sollten.

Da im Rahmen dieser Untersuchung ehemalige Entwicklungshelfer aus zumindest sechs verschiedenen Vorbereitungsjahrgängen befragt wurden und somit die Vorbereitungsprogramme nicht direkt vergleichbar sind, können die Ergebnisse nur Bewertungstendenzen widerspiegeln. Vor dem Hintergrund der eher kritischen Beurteilung der Vorbereitung wäre eine Analyse dieses Bereiches anzuraten, beispielsweise durch regelmäßige und systematische Befragungen von Entwicklunghelfern nach der Einsatzbeendigung, um Schwachstellen in dieser für die Einsatztätigkeit so wichtigen Phase möglichst früh begegnen zu können. Durch die Zusammenstellung geeigneter Länder- und Projektinformationen könnte dem kritisierten Informationsdefizit entgegengewirkt werden. So wurde zum Beispiel von Befragten der Vorschlag geäußert, auch Zeitungen und Zeitschriften aus den jeweiligen Ländern zu verwenden, um einen aktuellen Einblick in die wirtschaftliche und politische Situation zu gewinnen. Neben den notwendigen Projektinformationen, die z.B. von den dort tätigen Entwicklungshelfern zusammengestellt werden könnten, sollten auch verschiedene Ratschläge, die das alltägliche Leben im Einsatzort erleichtern können, nicht zu kurz kommen (z.B. Bekleidung, Essen, Fahrzeug). Mögen diese Anmerkungen teilweise banal wirken, so zeigen die Untersuchungsergebnisse, daß Mängel in der Vorbereitung zumindest den Einsatzbeginn erschweren, die Motivation beeinträchtigen und somit auf die Projekttätigkeit entscheidenden Einfluß haben.

Die **Einsatztätigkeit** der befragten Entwicklungshelfer erstreckte sich über 27 verschiedene Länder, wobei zahlenmäßig Papua Neu Guinea, Zimbabwe und Nicaragua hervorstachen. Dorfentwicklungsprogramme, der Schulbereich und der technisch/handwerkliche Bereich bildeten die drei meistgenannten Projektschwerpunkte. Hinsichtlich der lokalen Projektträger dominierte mit fast 50% die Kirche gefolgt von staatlichen Institutionen mit 24%. Fast ein Drittel der Befragten war in Projekten tätig, die eine Laufzeit von mehr als 10 Jahren aufwiesen. Genau definierte Projektziele bestanden fast in allen Projekten, wobei allerdings mehr als die Hälfte der Befragten eine Veränderung dieser Ziele während ihrer Einsatztätigkeit konstatierte. Nach Einschätzung der ehemaligen Entwicklungshelfer wurden in den meisten Fällen die (geänderten) Projektziele zumindest teilweise erreicht.

Die Rolle der einheimischen Bevölkerung bei der Zieldefinition wurde als eher gering angesehen. Dies könnte ein Indiz dafür darstellen, daß der vielzitierte partizipative Ansatz noch nicht den Regelfall darstellt. Vor diesem Hintergrund läßt sich möglicherweise auch die Tatsache interpretieren, daß in einer Reihung von Schwierigkeiten bei der Projekttätigkeit die mangelnde Mitarbeit der Bevölkerung bereits an vierter Stelle (von 17) zu finden ist. Angeführt wird diese Reihung von der Problematik: *"Differenzen zwischen eigenen Zielvorstellungen und denen des Projektträgers"*.

Als bedeutendste Auswirkung der Projekttätigkeit wurde von 90% der Befragten angeführt, in der Zielgruppe die Initiative zur Selbsthilfe angeregt zu haben. Klarerweise kann eine schriftliche Befragung keine Evaluierung der Projekte vor Ort ersetzen. Nur dadurch kann der Frage nachgegangen werden, wieweit programmatische Ansprüche wie "Hilfe zur Selbsthilfe", "Partizipation aller projektbeteiligter Gruppen" in der Realität umgesetzt werden. Regelmäßige Projektanalysen, verbunden mit der Bereitschaft, die gewonnene Erkenntnisse auch in die Praxis einfließen zu lassen, könnten einen Beitrag zu einer verbesserten Einsatzpolitik leisten. Die Notwendigkeit derartiger Untersuchungen wird auch seitens der Entwicklungshilfeadministration gesehen, was die Frage offenläßt, warum dieses Mittel nicht öfters eingesetzt wird. Anzumerken ist dabei allerdings, daß bei einem partizipativen Entwicklungsverständnis auch Evaluierungskonzepte so gestaltet sein müssen, daß sie nicht als Kontrollmaßnahmen mißverstanden werden können. Die Erfahrungen und Einschätzungen zurückgekehrter Entwicklungshelfer stellen ebenfalls ein Potential dar, das für Projektplanung und -durchführung verstärkt genützt werden könnte. Eine systematische Aufarbeitung positiver wie negativer Projekterfahrungen könnte sicherlich manche Einsatzverkürzung verhindern oder zumindest einige Schwierigkeiten im Einsatzprojekt vermeiden helfen.

Auffallend war die breite regionale und inhaltliche Streuung der Einsatzprojekte und die lange Laufzeit vieler Projekte. Zum ersten kann gesagt werden, daß vor dem Hintergrund der beschränkten materiellen und personellen Ressourcen der österreichischen Entwicklungshilfe eine Konzentration des Mitteleinsatzes unbedingt erforderlich ist, wobei positiv vermerkt werden kann, daß diese Erkenntnis zunehmend nicht nur verbal geäußert, sondern auch in die Praxis umgesetzt wird. Bezüglich der Projektlaufzeit muß einmal mehr auf die Notwendigkeit regelmäßiger Projektevaluierungen verwiesen werden. Das Ziel einer "Hilfe zur Selbsthilfe" beinhaltet auch das Ziel einer Lokalisierung in einem absehbaren Zeitraum und somit sollten langlaufende Projekte eher den Ausnahmefall darstellen.

Die Lebensbedingungen und auch die Arbeitssituation im Einsatzland sind im Regelfall kaum mit österreichischen Maßstäben zu vergleichen. So ist es nicht verwunderlich, daß die Rückkehr nach einem mehrjährigen Auslandsaufenthalt mit einer Fülle von Problemen verbunden ist. Fast die Hälfte der Befragten bezeichnete die **Wiedereingliederungsphase** als schwierig. Etwas überraschend stellt sich die Liste der genannten Problembereiche dar: An erster Stelle sind Probleme mit dem Lebensstil zu finden, erst mit einigem Abstand folgen die Bereiche, die von der Umwelt sicherlich als die entscheidenderen angesehen werden - Freundeskreis, Arbeit, Wohnung usw. Es kann also zurecht von einem Kulturschock nach der Einsatzbeendigung gesprochen werden.

Nur etwas mehr als ein Drittel war der Meinung, daß die Entsendeorganisation nach der Einsatzbeendigung in ausreichendem Maße geholfen hat. Zur Relativierung dieses Ergebnisses muß allerdings angemerkt werden, daß Befragte oftmals anführten, Hilfestellungen nicht erwartet oder auch nicht gewünscht zu haben. Probleme nach dem Einsatzende werden demnach vielfach als individuell zu lösende Schwierigkeiten empfunden, die nicht mehr in den Verantwortungsbereich der entsendenden Organisation fallen. Mit fast allen Befragten wurde seitens der Entsendeorganisation ein Gespräch über den Einsatz geführt, wobei allerdings 45% dieses als nicht ausreichend charakterisierten. Auf die Frage, wieweit sich die Organisationen für die Einsatzerfahrungen interessierten, bezeichneten sogar 55% das gezeigte Interesse als nicht ausreichend.

Für die Mehrzahl der Befragten hatte der Einsatz auch eine Veränderung im Berufsleben zur Folge: 52% übten zum Befragungszeitpunkt nicht mehr den gleichen Beruf wie vor dem Einsatz aus, wobei der Berufswechsel bei 39% sogar zu einer Verschlechterung der Einkommenssituation führte. Für die meisten Rückkehrer ist die Einsatzbeendigung nicht gleichbedeutend mit der Aufgabe des entwicklungspolitischen Engagements. 80% gaben an, weiter in diesem Bereich aktiv zu sein, wobei vor allem die Durchführung von Vorträgen und Diskussionsabenden angeführt wurden. Die Mitarbeit in Dritte-Welt-Gruppen und die Verfassung von Artikeln für verschiedene Medien folgten mit beträchtlichem Abstand.

Es wurde schon mehrfach betont, welche wichtige Rolle ehemalige Entwicklungshelfer auch nach dem Einsatz im Rahmen der personellen Entwicklungshilfe spielen (könnten), sei es im Bereich der Personalrekrutierung, der Einsatzvorbereitung, der Projektpolitik und nicht zuletzt auch im Bereich der Bildungsarbeit in Österreich. Es stellt sich nun die Frage, ob dieses Potential von den Entsendeorganisationen, aber auch von anderen Institutionen der Entwicklungszusammenarbeit in ausreichendem Maße genützt wird. Die Ergebnisse dieser Untersuchung lassen dies eher bezweifeln. Eine systematische Verwertung von Einsatzerfahrungen in der Vorbereitungsphase stellt ebensowenig den Regelfall dar wie die Einbeziehung ehemaliger Entwicklungshelfer in den Bereich der Projektplanung, -begleitung und -evaluierung. Auch die entwicklungspolitischen Aktivitäten ehemaliger Entwicklungshelfer sind vor allem auf ein starkes persönliches Engagement zurückzuführen - organisatorische und/oder finanzielle Unterstützung ist nur schwer zu finden. Eine umfassende Rückkehrerarbeit müßte jedoch alle diese Bereiche beinhalten. Fairerweise müssen aber bestehende Aktivitäten Erwähnung finden: So werden Rückkehrerseminare angeboten, es werden Rückkehrersprecher gewählt, Rückkehrertreffen finden statt, ehemalige Entwicklungshelfer werden zu Gesprächen in die Einsatzvorbereitung eingeladen u.a.m. Insgesamt kann aber sicherlich noch nicht von einer professionellen Rückkehrerarbeit gesprochen werden. Dazu wären - neben der notwendigen Bereitschaft - auch zusätzliche finanzielle Mittel notwendig, womit auch die öffentliche Entwicklungshilfe insgesamt angesprochen wird. Nur so könnten beispielsweise ein eigenes Rückkehrerreferat eingerichtet, die Rolle der Rückkehrersprecher von einer ehrenamtlichen in eine bezahlte Stelle umgewandelt, Kurzeinsätze finanziert und Bildungsaktivitäten unterstützt werden.

Im ersten Teil dieser Arbeit wurde gezeigt, daß der Bereich der Personalentsendungen nur einen geringen Teil der Gesamtaufwendungen für die öffentliche Entwicklungshilfe ausmacht, wobei allerdings die Bedeutung dieses Bereiches in einem Mißverhältnis zum finanziellen Einsatz steht. So kann sicherlich davon ausgegangen werden, daß für die Öffentlichkeit das Bild von Entwicklungshilfe entscheidend von der jahrzehntelangen Einsatztätigkeit der vielen Entwicklungshelfer geprägt wird und - glücklicherweise - nicht von den zahlenmäßig viel umfangreicheren Exportförderungskrediten, wodurch auch ein bedeutender Beitrag zur Erhöhung der (noch immer zu geringen) gesellschaftlichen Akzeptanz von öffentlichen Entwicklungshilfeleistungen verbunden ist. Ein verstärktes Interesse der Institutionen der öffentlichen Entwicklungshilfe an den Einsatzerfahrungen sowohl was den Bereich der Einsatzpolitik als auch den der Öffentlichkeits- und Bildungsarbeit betrifft, wäre für die Entwicklungspolitik insgesamt wichtig und nur eine Bestätigung des immer wieder geäußerten Grundsatzes, daß Entwicklungszusammenarbeit nicht als Einbahnstraße anzusehen ist. Sinnvolle Maßnahmen der Entwicklungszusammenarbeit in diesem Sinne erscheinen vor dem Hintergrund einer immer schlechter werdenden Lebenssituation in vielen Teilen der Welt auf der einen Seite und eines zunehmend gleichgültiger werdenden Klimas in den Industrieländern notwendiger denn je.

ANHANG

Einige Strukturdaten im Überblick:

Geschlechterverteilung:

	Anzahl	%
weiblich	93	46
männlich	106	52
keine Angabe	5	2
gesamt	204	100

Familienstand vor dem Einsatz:

	Anzahl	%
ledig	126	62
in Lebensgemeinschaft	10	5
verheiratet	63	31
geschieden	1	-
keine Angabe	4	2
gesamt	204	100

Bildungsgrad:

	Anzahl	%
Pflicht-, Berufsschule einschl. Meisterprüfung	45	22
AHS/BHS - Matura	54	26
Pädagog. Akademie u.ä.	42	21
Universität	55	24
keine Angabe	8	4
gesamt	204	100

Größe der Herkunftsgemeinde:

	Anzahl	%
- 1.000	36	18
- 5.000	71	35
- 10.000	24	12
- 30.000	15	7
- 50.000	5	2
- 100.000	5	2
100.000 +	44	22
keine Angabe	4	2
gesamt	204	100

Entsendeorganisation:

	Anzahl	%
IIZ	44	22
ÖED	160	68
gesamt	204	100

Einsatzland bzw. -region:

	Anzahl	%
Papua Neu Guinea	39	19
Zimbabwe	24	12
Kenia	17	8
Zentralafr. Republik	17	8
Tansania	10	5
Sambia	8	4
weitere afrik. Länder	23	11
Nicaragua	23	11
Peru	9	5
Ecuador	8	4
weitere lateinam. Länder	23	11
asiatische Länder	2	1
keine Angabe	1	1
gesamt	204	100

Antwortverteilungen der im Textteil nicht vollständig wiedergegebenen Fragebatterien:

"Bewerten Sie bitte jede der folgenden allgemeinen Aussagen zur Entwicklungshilfe." (zeilenweise prozentuiert, nach Zustimmung gereiht)

	ja	eher ja	unentschieden	eher nein	nein
Es ist einfach nicht gerecht, daß es uns besser geht als den EL, daher müssen wir helfen	42	32	11	9	6
Die von den IL geleistete EH nützt in erster Linie den IL selbst, nicht aber den EL	30	35	24	9	2
Die EH, wie sie jetzt geleistet wird, ist nicht zielführend. Eine Neuorientierung ist unbedingt erforderlich	20	34	25	15	6
Die österreichische EH wird nicht dort geleistet, wo die größten Entwicklungsprobleme bestehen	13	30	38	12	7
Es gibt soviel Not und Elend in den EL, da muß man schon aus Mitmenschlichkeit und Nächstenliebe helfen	18	30	22	14	16
Österreich würde an Ansehen in der Welt verlieren, wenn es keine EH leistete	27	17	21	19	16
Das Geld kommmt in den EL meist nur den Mächtigen zugute, die Armen haben nichts davon	9	35	21	24	11
Die Bevölkerung in den Ländern der Dritten Welt sollte selbständig, ohne Hilfe von außen für sich etwas tun	14	25	23	24	14
Die Hilfe, die wir jetzt anderen Ländern leisten, wird später Freunde und Handelspartner bringen, auf die wir in Zukunft angewiesen sind	11	24	28	19	18
Der Nord-Süd-Konflikt wird nicht durch EH und Verhandlungen sondern gewaltsam gelöst werden	6	17	21	21	35
Es sollte keine eigenen kirchlichen Entwicklungsprojekte geben, damit EH nicht mit Mission verknüpft wird	8	12	23	24	33
Die kirchliche EH ist die einzig selbstlose und daher wirksamer als die staatliche	4	21	17	17	41
EH kann für die betroffenen Länder schädlich und gefährlich sein. Die Weißen sollten sich aus den Ländern der Dritten Welt überhaupt heraushalten	3	12	23	33	29
Ein kleines Land wie Österreich kann in großen EL wie z.B. Indien keine wirksame EH leisten	4	14	17	24	41
Bevor wir fremden Ländern EH geben, sollte erst einmal den Bedürftigen in unserem eigenen Land geholfen werden	3	3	31	24	39
EH ist nur ein Tropfen auf dem heißen Stein und hat letztendlich doch keinen Sinn	2	7	17	28	46

(EL = Entwicklungsland, IL = Industrieland, EH = Entwicklungshilfe)

"Bewerten Sie bitte jede der folgenden Aussagen über Entwicklungshelfer"
(zeilenweise prozentuiert, nach Zustimmung gereiht)

	völlig richtig	großteils richtig	teilw. richtig	kaum richtig	nicht richtig
Man kann als EH mindestens ebensoviel von den Einheimischen lernen wie diese von den EH	79	16	4	1	0
Aus dem Bericht eines EH: "Anfangs kommt einem alles unendlich langsam vor, weil man selbst etwas zu schnell sein will. Aber es ist absolut notwendig, sich an das Arbeitstempo seiner neuen Umgebung anzupassen"	40	36	20	2	2
Zu Beginn der Arbeit am Projekt ist ein intensives Studium der sozialen Situation wesentl. wichtiger als die Beschäftigung mit den techn.-prakt. Fragen des Projektes	30	37	28	5	0
Liebe und Mitgefühl gegenüber den Menschen sind für den Erfolg von EH wichtiger als fachliches Können und Maschinen	15	29	37	14	5
Die Bezahlung für EH sollte so sein, daß ihr Lebensstandard dem ihrer Umgebung entspricht	18	28	25	14	15
EH sollten die Einheimischen nicht nur fachlich ausbilden, sondern müssen auch versuchen, ihr politisches und gesellschaftliches Bewußtsein zu beeinflussen	10	23	40	13	14
EH sollten ihre Arbeit als Dienst an den Armen auffassen	8	26	27	23	16
Man sollte realistisch sein und erkennen, daß der EH ein Fachmann in seinem Beruf ist und deswegen eine angemessene Bezahlung für seine Tätigkeit erwarten darf	13	18	27	23	20
EH sollten mithelfen, die bestehenden politischen und gesellschaftl. Strukturen in den Entwicklungsländern zu ändern	6	15	47	17	15
EH können kaum hoffen, daß ihre Arbeit spürbare Folgen haben wird	2	17	40	23	17
EH sind bewußte "Wiedergutmacher" für Schäden, die der Kolonialismus verursacht hat	4	17	26	24	29
Als EH bin ich dann am wirksamsten, wenn ich mich darauf beschränke, als Fachmann in meinem Beruf zu arbeiten	2	13	32	20	33
Als EH bin ich ein Vertreter Österreichs, der darauf bedacht sein sollte, Österreichs Ansehen zu erhöhen	5	11	23	24	37
Es ist besser, von den Einheimischen respektiert als von ihnen geliebt zu werden	4	7	23	30	36
Fachliches Können ist für einen EH wichtiger als Anpassungsbereitschaft	0	1	24	40	35
Leute, die für eine Firma im Ausland arbeiten und dort z.B. eine Fabrik errichten, können im weitesten Sinne auch als EH bezeichnet werden	2	4	16	25	52
Als EH weiß man relativ genau, was für die Menschen im Gastland am besten ist	0	3	6	32	59
Die Menschen in den Entwicklungsländern sind noch unerfahren. Man muß sie wie ein Vater seinen Sohn auf den richtigen Weg bringen	0	1	5	14	80
Man hilft den Menschen im Gastland besser, wenn man schnell und effizient "etwas für sie schafft", als wenn man unter großem Zeitaufwand fast alles mit ihnen zusammen tun will	1	0	5	10	84
Unsere Arbeit am Projekt sollte eine Demonstration europäischen Arbeitslebens sein	0	1	4	12	82

LITERATURVERZEICHNIS

AKTUELLE IRO-LANDKARTE, 1985: Schwarzafrika in der Krise. Nr. 2/85. München

AKTUELLE IRO-LANDKARTE, 1985: Die Krise in der Dritten Welt. Nr. 7/85. München

ALEXANDER, P., 1992: Der Trost des Entwicklungshelfers. Erfahrungen und Bekenntnisse aus 18 Jahren Arbeit für die Dritte Welt. 3. Aufl., Frankfurt

ARBEITSGEMEINSCHAFT ENTWICKLUNGSZUSAMMENARBEIT (Hrsg.), 1992: Soll und Haben. Konturen der österreichischen Entwicklungspolitik 1. Wien

ATTESLANDER, P., 1984: Methoden der empirischen Sozialforschung. 5. erw. Aufl., Berlin, New York

BAUER, P., 1982: Entwicklungshilfe: Was steht auf dem Spiel? Tübingen

BEIRAT FÜR WIRTSCHAFTS- UND SOZIALFRAGEN (Hrsg.), 1988: Entwicklungspolitik. Wien

BELLERS, J., 1988: Entwicklungshilfepolitik in Europa. Münster

BLISS, F., 1990: Zum Beispiel: Entwicklungsprojekte. Göttingen

BLISS, F./EHRENBERG, E./SCHMIED, E., 1993: Entwicklung und Abhängigkeit. 2. überarb. Aufl., Unkel/Rhein, Bad Honnef

BRANDT, W. (Hrsg.), 1983: Hilfe in der Weltkrise. Ein Sofortprogramm. Reinbek b. Hamburg

BRAUN, G., 1992: Die hilflose Überlegenheit des Experten. In: KOHNERT, D./PREUSS, H.J./SAUER, P. (Hrsg.): Perspektiven Zielorientierter Projektplanung in der Entwicklungszusammenarbeit. München, Köln, London, S. 133-139

BRAUN, G., 1992: Nord-Süd-Konflikt und die Dritte Welt. 3. akt. Aufl., Paderborn

BRUCKNER, P., 1983: Das Schluchzen des weißen Mannes. Berlin

BUNDESKANZLERAMT (Hrsg.), 1991: Dreijahresprogramm der österrreichischen Entwicklungshilfe 1992 bis 1994 (Fortschreibung). Wien

BUNDESKANZLERAMT (Hrsg.), 1984: Dreijahresprogramm der österreichischen Entwicklungshilfe 1985 bis 1987 (Fortschreibung). Wien

CASSEN, R., 1990: Entwicklungszusammenarbeit. Fakten - Erfahrungen - Lehren. Bern, Stuttgart

CLAUSS, G./EBNER, H., 1974: Grundlagen der Statistik für Psychologen, Pädagogen und Soziologen. Berlin

DAFFA, P. u. a. (Hrsg.), 1990: Entwicklungshilfe - wohin? Münster

DAFFA, P./WOLZ, G. (Hrsg.), 1992: Entwicklungshilfe - Dorthin! Münster, New York

DENZ, H., 1989: Einführung in die empirische Sozialforschung. Wien, New York

"DER SPIEGEL", 1992: Nur noch jeder vierte ein Christ. Heft 25/1992, S. 36-57

DERKOWITSCH, N., 1982: Entwicklungshilfe im Wandel. In: Entwicklungspolitische Nachrichten - EPN, Nr. 11/1982, S. 10-12

DIRMOSER, D./GRONEMEYER, R./RAKELMANN, G. (Hrsg.), 1991: Mythos Entwicklungshilfe. Gießen

DORNER, W., 1973: Wiedereingliederungsprobleme österreichischer Entwicklungshelfer. Diplomarbeit, Linz

DÜNKI, M., 1987: Ins Feld, in die Freiheit gezogen? Zürich

EID, U./ENGEL, B., 1987: Hilfe zur Selbsthilfe oder Hilfe als Selbsthilfe? In: Journal für Entwicklungspolitik, Nr. 4/1987, S. 13-20

ERLER, B., 1985: Tödliche Hilfe. Freiburg i. Br.

ERTL, J., 1992: Exportkredite als Entwicklungshilfe. In: "Der Standard", vom 20. Nov. 1992

ETIENNE-AHL, Ch., 1989: Eingriffe ins Fremde. Luzern, Stuttgart

FREMD, E./HEMEDINGER, F./OBERKOGLER, W., 1990: Die Kubatana-Secondary-School in Nyamuroro. Forschungsbericht, Linz

FRIEDRICHS, J., 1983: Methoden empirischer Sozialforschung. 11. Aufl., Opladen

HARTMEYER, H./JÄGGLE, M., 1992: Kein Profil. Zur Situation der österreichischen Politik im Bereich der Entwicklungszusammenarbeit. In: Arbeitsgemeinschaft Entwicklungspolitik (Hrsg.): Soll und Haben. Wien, S. 36-55

HECKMANN, F., 1977: Sozialisation in der Erwachsenenbildung. Frankfurt, New York

HEIDTMANN H./PLATE, Ch. (Hrsg.), 1987: Mañana. Entwicklungshelfer berichten aus 3 Kontinenten. Baden-Baden

HEINDL, B./RÜTHEMANN, G. (Hrsg.), 1990: Afrika - Österreich. Linz

HEMEDINGER, F./NEMELLA, J./OBERKOGLER, W., 1990: Ländliche Dorfentwicklung in Kenia. Forschungsbericht, Linz

HEMEDINGER, F., 1992: Regionalentwicklung durch Bildungsarbeit? In: Österreichische Zeitschrift für Soziologie - ÖZS, Heft 3/92, S. 64-77

HOFFMANN, W., 1980: Vom Kolonialexperten zum Experten der Entwicklungszusammenarbeit. Saarbrücken, Fort Lauderdale

HÖLL, O., 1986: Österreichische Entwicklungshilfe 1970-1983. Wien

HOLM, K., 1993: ALMO Statistik-System. Handbuch. Linz

HOLM, K. (Hrsg.), 1982: Die Befragung 1. Der Fragebogen - Die Stichprobe. 2., durchgesehene Aufl., München

HOLM, K. (Hrsg.), 1975: Die Befragung 2. Datenaufbereitung - Tabellenanalyse - Korrelationsmatrix. München

HOLM, K. (Hrsg.), 1976: Die Befragung 3. Die Faktorenanalyse. München

HOLM, K. (Hrsg.), 1977: Die Befragung 5. Pfadanalyse, Coleman-Verfahren. München

HÖRBURGER, R. u. a. (Hrsg.), 1990: Burkina Faso. Unterentwicklung und Selbsthilfe in einem Sahel-Land. Frankfurt, Wien

IIZ - Institut für Internationale Zusammenarbeit (Hrsg.), 1981, 1985, 1987, 1988, 1991: Jahresberichte. Wien

INSTITUT FÜR KIRCHLICHE SOZIALFORSCHUNG (Hrsg.), 1988: Bruder in Not. Untersuchung über Einstellungen und Engagementbereitschaft der österreichischen Bevölkerung zu Fragen der Entwicklungspolitik. Wien

ISBRAND, S./LÜBKE, G./MOCK-BIEBER, F. (Hrsg.), 1990: Selbstbestimmt und solidarisch. Fallstudien über Selbsthilfe in der Dritten Welt. Saarbrücken

JÄGGLE, M., 1995: Entwicklungshilfe-Pingpong. In: "Südwind" Nr. 1-2/95. S. 10

JESSEN, B./NEBELUNG, M., 1987: Hilfe muß nicht tödlich sein. Berlin

KALTENBRUNNER, A., 1991: Seid verschlungen, Millionen. Österreichs staatliche Entwicklungshelfer lieben die Geheimniskrämerei. In: "profil" Nr. 13/1991, S. 66-68

KASPAR, R., 1989: Wiedereingliederungsschwierigkeiten ehemaliger Entwicklungshelfer/innen in Österreich und deren derzeitiges entwicklungs- und gesellschaftspolitisches Engagement. Diplomarbeit, Linz

KLEMP, L., 1988: Entwicklungshilfekritik. Bonn

KOLLAND, F., 1989: Die Entwicklungshilfebereitschaft der Österreicher. Ein Vergleich von Umfragedaten. In: SWS - Rundschau, 29. Jg., Heft 4/89, S. 441-466

KOVANDER, E., 1983: Analysis of The Experience of Austrian Volunteers and Experts Who Are Active in Countries of The Third World. Unveröffentlichtes Manuskript. Wien

LIEBMANN, A., 1994: Handbuch der österreichischen Entwicklungszusammenarbeit. Wien

NEMELLA, J., 1991: Höhlt steter Tropfen einen heißen Stein? In: Journal für Entwicklungspolitik, VII. Jg., 2/91, S. 77-87

NOHLEN, D./NUSCHELER, F. (Hrsg.), 1992: Handbuch der Dritten Welt. Band 1, 3. überarb. Aufl., Bonn

NOHLEN, D. (Hrsg.), 1989: Lexikon Dritte Welt. Aktualisierte Neuausgabe. Reinbek b. Hamburg

NUSCHELER, F., 1986: Zur Kritik von Entwicklungshilfe und zur Denunzierung von Entwicklungshilfekritik. In: BETZ, J./MATTHIES, V. (Red.): Jahrbuch Dritte Welt. München, S. 24-36

OPITZ, P. (Hrsg.), 1985: Die Dritte Welt in der Krise. 2. akt. Aufl., München

ORNAUER, H., 1979: Zur österreichischen Entwicklungshilfe und Entwicklungshilfepolitik. In: KHOL, A./STIRNEMANN, A. (Hrsg.): Österreichisches Jahrbuch für Politik 1978. Wien, S. 313-344

ORNAUER, H., 1987: Entwicklungshilfe aus Österreich: Wer macht was, wo und wie? In: politische bildung - zeitschrift für erwachsenenbildung. 1/1987, S. 35-43

ÖED - Österreichischer Entwicklungsdienst (Hrsg.), 1982 - 1991: Jahresberichte. Wien

ÖED - Österreichischer Entwicklungsdienst (Hrsg.), 1989: Projekt Erde. Wien

ÖFSE - Österreichische Forschungsstiftung für Entwicklungshilfe (Hrsg.), 1986, 1989, 1992: Österreichische Entwicklungspolitik. Berichte, Analysen, Informationen. Wien

ÖIE - Österreichischer Informationsdienst für Entwicklungspolitik (Hrsg.), 1988: "Entwicklungshilfe" - So einfach ist das nicht ... Reihe: Dritte Welt im Unterricht, Heft 11. Wien

PATER, S. (Hrsg.), 1987: Zum Beispiel: Entwicklungshelfer. Bornheim

PILZ, B. (Hrsg.), 1992: Zum Beispiel: Selbsthilfe. Göttingen

POHL, W./RÜTHEMANN, G./STEINER, H., 1986: Geschäfte mit der Entwicklung. Österreich und die Dritte Welt. 2. aktualisierte Aufl., Wien

QUARLES VON UFFORD, P., 1993: Die verborgene Krise der Entwicklungshilfe: Entwicklungshilfebürokratien zwischen Absichten und Ergebnissen. In: BIERSCHENK, T./ELWERT, G.: Entwicklungshilfe und ihre Folgen. Frankfurt, New York, S. 121-142

SCHNEIDER, B., 1986: Die Revolution der Barfüßigen. Wien

SCHOLTA, M./ZAPOTOCZKY, K., 1978: Heimgekehrt - Wohin? Forschungsbericht. Linz

SCHUBERT, B. u. a., 1984: Die Nachhaltigkeit der Wirkungen von Agrarprojekten. Köln

SERTIC, V., 1989: Analyse und Bilanz eines Jahrzehnts österreichischer Entwicklungshilfepolitik. In: KOHL, A./OFNER, G./STIRNEMANN, A. (Hrsg.): Österreichisches Jahrbuch für Politik 1988. Wien

SOLLICH, M., 1984: Probezeit ausgeschlossen. Mainz, München

STUIBER, P., 1993: Entwicklungshilfe wird "straffer". In: "Der Standard" vom 13. Juli 1993. S. 5

WEILAND, H., 1986: Entwicklungshilfe in der Krise? In: OBERNDÖRFER, D./ HANF, T. (Hrsg.): Entwicklungspolitik. Stuttgart, S. 177-194

WINKLER, O., 1988: Die Entwicklungshilfe Österreichs. Anspruch und Wirklichkeit. In: Entwicklungspolitische Nachrichten - EPN, 4/88, S. 50-52

WURZBACHER, G. (Hrsg.), 1975: Störfaktoren der Entwicklungspolitik. Stuttgart

ZAUNER, M., 1991: Entwicklungstheorie - Entwicklungspolitik - Eine kritische Analyse. Diplomarbeit. Linz

Brandes & Apsel

Journal für Entwicklungspolitik (JEP)
Vierteljahreszeitschrift, ca. 108 S., ISSN 0258-2384

Das *Journal für Entwicklungspolitik (JEP)* ist eine seit 1985 in deutscher und englischer Sprache publizierende wissenschaftliche Zeitschrift, die sich einem breiten Spektrum von Problemen und Fragestellungen von entwicklungspolitischer Bedeutung widmet. Das *Journal* fördert Beiträge von WissenschaftlerInnen mit dem Ziel, die entwicklungspolitische Diskussion im deutschsprachigen Raum enger mit der internationalen Forschergemeinschaft zu verbinden.

Bitte Probeheft und Abonnementsbedingungen beim Verlag anfordern!

Gustavo Esteva
FIESTA – jenseits von Entwicklung, Hilfe und Politik
2., erw. Neuauflage, 216 S., vierf. Pb. mit Bildteil, ISBN 3-86099-101-9
»*Aus dem Leben der Menschen in Mexiko schöpft Esteva den Stoff für seine Analysen und verbindet sie zu präzisen Argumenten.*« (Der Andere Buchladen) »*... eine grundsätzliche Kritik am westlichen Ethos. Ein wichtiges Buch.*« (ekz-informationsdienst) In der Neuausgabe geht Esteva, einer der konsequentesten mexikanischen Kritiker jeder Form von Entwicklung und Hilfe, auch auf die Ereignisse von Chiapas ein.

Klaus Zapotoczky / Hildegard Griebl (Hrsg.)
Kulturverständnis und Entwicklungschance
204 S., Paperback, ISBN 3-86099-253-8

Ein Reader zu gesellschafts- und wirtschaftspolitischen Fragestellungen in der Einen Welt, der Einsichten in unterschiedliche Kulturen bietet. Es geht um Themen, die im zwischenmenschlichen Bereich wie in der Entwicklungszusammenarbeit und in internationalen Handelsbeziehungen wichtig sind. Schwerpunkt: die islamische Welt.

Nord-Süd-Beziehungen
Entwicklungspolitische Aspekte in Wirtschaft, Ökologie und Kultur
148 S., Paperback, ISBN 3-86099-246-5

Der Reader setzt sich mit aktuellen Fragen der Entwicklungszusammenarbeit auseinander: Handels- und Produktionsbedingungen, Technologietransfer, ökologische Probleme, soziokulturelle Veränderungen usw.

Isolde Demele / Wolfgang Schoeller / Roald Steiner
Modernisierung oder Marginalisierung
Investierbarer Überschuß und kulturelle Transformation
als Grundlagen der Entwicklung
2. Aufl., 232 S., Paperback, ISBN 3-925798-44-7

Bitte Gesamtverzeichnis anfordern bei:
Brandes & Apsel Verlag, Zeilweg 20, D-60439 Frankfurt a.M.

Brandes & Apsel

Ilse Hanak
Frauen in Afrika: »... ohne uns geht gar nichts!«
376 S., vierf. Paperback mit Bildteil, ISBN 3-86099-134-5
Ilse Hanak beschreibt ein anderes Afrika südlich der Sahara, als wir es aus den täglichen Medienberichten kennen. Ihre Länderanalysen gehen von den Bedürfnissen afrikanischer Frauen aus und beziehen Erkenntnisse der Frauenforschung ein. Hanak fordert durch die vorrangige und nachholende Beteiligung von Frauen eine Wende der Entwicklungspolitik.

Claudia Roth
Und sie sind stolz
Zur Ökonomie der Liebe
Die Geschlechtertrennung bei den Zara in Bobo-Dioulasso, Burkina Faso
Illustriert von Manù Hophan, 224 S., Paperback, ISBN 3-86099-252-X
Die Frauen Westafrikas sind unterdrückt, und sie sind stolz. Wie erklärt sich dieses Paradox? Roths ethnologische Studie der Zara, Burkina Faso, zeigt: Die Trennung der Geschlechter eröffnet den Frauen in einer patriarchalen Gesellschaft eigene Bereiche. Die Zara-Frauen handeln eigenständig, ihre Kultur wird auch von Männern anerkannt.

R. Hörburger / H. Nehr / S. Neuweg / K. Pichlwanger (Hrsg.)
Burkina Faso
Unterentwicklung und Selbsthilfe in einem Sahel-Land
2. Aufl., 232 S., Paperback mit Fotos, ISBN 3-925798-49-8
Das Buch gibt Einblick in die Organisation und Tätigkeit ländlicher Selbsthilfe-Genossenschaften sowie die koloniale und nachkoloniale Geschichte.

Elke Mader / Doris Cech / Stefanie Reinberg (Hrsg.)
Tierra – indigene Völker, Umwelt und Recht
200 S., vierf. Paperback, ISBN 3-86099-131-0
Thema des Buches ist der rechtliche und territoriale Status indigener Völker sowie der Zusammenhang von Ökologie und Nutzungsrechten. »Was der Sammelband zeigt, ist die Vielschichtigkeit eines Problems, das durch den europäischen Kolonialismus vor 500 Jahren in den Trikont-Ländern in Gang gesetzt wurde.« *(Lateinamerika Nachrichten)*

Klaus Zapotoczky / Hildegard Griebl (Hrsg.)
Die Welt im Umburch
Fremde Wirklichkeiten als gesellschaftliche Herausforderung
272 S., Paperback, ISBN 3-86099-247-3
Zu entwicklungspolitischen Fragen, den gesellschaftlichen Wandlungsprozessen in den Ländern der südlichen Hemisphäre und den Chancen und Gefahren der internationalen Beziehungen in einer Welt des Umbruchs.

Bitte Gesamtverzeichnis anfordern bei:
Brandes & Apsel Verlag, Zeilweg 20, D-60439 Frankfurt a.M.